C.H.BECK

Die EU ist heute regelmäßig Gegenstand politischer Kontroversen. Der Brexit, die Euro- und Migrationskrise, aber auch die graduelle Erosion der Demokratie in Polen und Ungarn sind zu Chiffren eines zentralen Dilemmas europäischer Politik im 21. Jahrhundert geworden: Kann europäische Kooperation mit der vielerorts lauter werdenden Forderung nach demokratischer Selbstbestimmung und nationaler Eigenständigkeit in Einklang gebracht werden? Berthold Rittberger beschreibt die Funktionsweise der EU – und zeigt die Entwicklungen des europäischen Integrationsprozesses auf, die den Weg in dieses Dilemma geebnet haben.

Berthold Rittberger lehrt Internationale Beziehungen an der Ludwig-Maximilians-Universität München, ist Mitherausgeber des «Journal of European Public Policy» und Autor zahlreicher Bücher und Aufsätze zur europäischen Verfassungspolitik, Regulierungspolitik in der EU und zur demokratischen Legitimität der EU.

Berthold Rittberger

DIE EUROPÄISCHE UNION

Politik, Institutionen, Krisen

C.H.Beck

Für Jessica.

Mit 2 Abbildungen und 3 Tabellen

Originalausgabe
© Verlag C.H.Beck oHG, München 2021
www.chbeck.de
Satz: C.H.Beck.Media.Solutions, Nördlingen
Druck und Bindung: Druckerei C.H.Beck, Nördlingen
Reihengestaltung Umschlag: Uwe Göbel (Original 1995, mit Logo),
Marion Blomeyer (Überarbeitung 2018)
Umschlagabbildung: Shutterstock
Printed in Germany
ISBN 978 3406 77507 9

myclimate

klimaneutral produziert
www.chbeck.de/nachhaltig

Inhalt

Vorwort und Danksagung 6
Das europäische Integrationsparadox 7

I. Die Schwerkraft der Marktintegration: Wofür die EU zuständig ist   16

Die Zuständigkeiten der EU im Überblick 16
Die Anziehungskraft des Marktes 18
Den Markt zähmen durch regulative Politik 28
Ausgabenpolitik als Preis für Vertiefung und Erweiterung 34
Die schleichende Europäisierung der Innenpolitik 40
Die unterschiedlichen Facetten der EU-Außenpolitik . . . 46

II. Tagesgeschäft und Meilensteine: Wie die EU entscheidet   51

Politische Problemformulierung: Die Impulsgeber 54
Politikentscheidungen treffen:
Das EU-Zweikammersystem 61
Politik um- und durchsetzen: Europäischer
Verwaltungsraum und EU-Rechtsordnung 73
Das Wesen der EU: ein Zwischenfazit 84

III. Sogkräfte und Fliehkräfte: Die Dynamik europäischer Integration   93

Sogkräfte: Was die Union zusammenhält 94
Fliehkräfte: Was die Union zu spalten droht 103
Wohin steuert die EU? 119

Zeittafel: Wichtige EU-Integrationsschritte 126
Weiterführende Literatur zur EU 127

Vorwort und Danksagung

Die Entwicklung der EU ist eine Geschichte von Grenzauflösungen und Grenzziehungen. Wirtschaftliche Grenzen zwischen Staaten haben sich aufgelöst, so dass ein gemeinsamer Markt und sogar eine gemeinsame Währung entstehen konnten. Politische Grenzen wurden neu gezogen: Wer kommen, gehen, bleiben darf, bestimmt nicht mehr ausschließlich der Nationalstaat. Und in einer von Krisen geschüttelten Gemeinschaft werden soziale Grenzen und der damit verbundene Anspruch auf Solidarität neu ausgehandelt. Noch nie schienen europäische Grenzziehungen so umstritten und umkämpft wie in der gegenwärtigen Krisen-Epoche. Umso wichtiger ist es also, sich mit ihnen zu befassen. Europäische Grenzverschiebungen haben mir den Weg in eine berufliche Laufbahn ermöglicht, die ohne die EU anders ausgesehen hätte. Bei der Konkurrenz um Studien-, Praktikums-, Arbeitsplätze oder Stipendien im europäischen «Ausland» war ich den «Inländern» stets gleichgestellt. Ich bin der britischen Regierung bis heute dafür dankbar, dass sie mir ein Promotionsstudium großzügig mitfinanziert hat, welches ich dann dazu genutzt habe, über die Demokratisierung der EU zu forschen. Geholfen hat es einerseits wenig, andererseits wiederum viel, denn ohne diese Episode hätte ich wohl nie eine gewisse Leidenschaft (und Leidensfähigkeit) entwickelt, die ich mit der EU verbinde.

Für die zahlreichen Anregungen und Kommentare zum Manuskript möchte ich mich herzlich bei meinen Münchner Kolleginnen und Kollegen Felix Biermann, Lara Dose, Tim Heinkelmann-Wild, Lisa Kriegmair, Johannes Müller Gómez, Kiran Klaus Patel, Sebastian Schindler, Moritz Weiss, Simon Zemp und Eva Ziegler bedanken. Matthias Hansl vom Verlag C.H.Beck danke ich für das entgegengebrachte Vertrauen und die reibungslose Zusammenarbeit.

Das europäische Integrationsparadox

Am 9. Mai 1950 verlas der französische Außenminister Robert Schuman im Uhrensaal des Quai d'Orsay den Plan zur Gründung der Europäischen Gemeinschaft für Kohle und Stahl (EGKS). Seine Erklärung begann mit den folgenden Worten: «Der Weltfriede kann nur erhalten bleiben, wenn man den Gefahren, die ihn bedrohen, mit schöpferischen Leistungen begegnet.» Die EGKS war der Auftakt zu einem historisch beispiellosen Projekt zwischenstaatlicher Kooperation, dessen schöpferische Leistung darin bestand, den Frieden unter den Mitgliedstaaten zu sichern und Krieg unmöglich zu machen. Dazu war es zuerst nötig, den «Jahrhunderte alten Gegensatz […] zwischen Frankreich und Deutschland» zu beseitigen und der zerstörerischen Kraft des ungebremsten Nationalismus, der zwei Weltkriege mitzuverantworten hatte, die Stirn zu bieten.

Die Rettung des Nationalstaates. Die Montanunion, wie die EGKS auch genannt wurde, sollte durch die wechselseitige Kontrolle der kriegsrelevanten Industriezweige Kohle und Stahl den brüchigen Frieden im Nachkriegseuropa sichern und wirtschaftliche Zusammenarbeit fördern, um die vom Krieg gebeutelten Staaten auf Modernisierungs- und Wachstumskurs zu bringen. Um dies zu erreichen, sollten die sechs westeuropäischen Gründungsmitglieder – neben Frankreich und Deutschland zählten Italien und die Benelux-Staaten dazu – Entscheidungsbefugnisse auf die neue europäische Organisation übertragen. Die EGKS war somit auch ein Versprechen des Nachkriegseuropas der Sechs, Gemeinschaftsinteressen den Vorzug vor nationalen Egoismen zu geben. Ein neuerlicher Krieg sollte ein Ding der Unmöglichkeit werden.

Die Gründung der überstaatlichen EGKS bedeutete jedoch nicht, dass die Staats- und Regierungsoberhäupter der Sechs aufgrund der Weltkriegserfahrung im Sinn gehabt hätten, den Nationalstaat zu überwinden und einen europäischen Bundesstaat zu errichten. Vielmehr wollten sie nationalistische Exzesse zähmen und den Nationalstaat mit Hilfe europäischer Zusammenarbeit zum Garanten von Sicherheit und Wohlfahrt erneuern. Wirtschaftliche Modernisierung, die schrittweise Liberalisierung von Märkten und der Ausbau von Handelsbeziehungen galten als notwendig, damit die Ansprüche, die die Nachkriegsgesellschaften an ihre ausbaubedürftigen Wohlfahrtsstaaten stellten, erfüllt werden konnten. Der europäische Integrationsprozess sollte, in den Worten des Wirtschaftshistorikers Alan Milward, zum Retter des Nationalstaats in Europa werden.

Obwohl sich die EU seit dem Ausbruch der Eurokrise in einem permanenten Krisenmodus wiederzufinden scheint, ist der wirtschaftliche Einigungsprozess Europas zweifelsohne eine Erfolgsgeschichte. Wie sonst ist zu verstehen, dass sich die Gemeinschaft der Sechs zu einer Union der 28 beziehungsweise 27 (infolge des «Brexit») stetig erweitert hat? Die 1957 gegründete Europäische Wirtschaftsgemeinschaft (EWG) übte eine derart starke wirtschaftliche Anziehungskraft aus, dass das Vereinigte Königreich – in den fünfziger Jahren skeptischer Beobachter des kontinentalen Integrationsprozesses – bereits in den sechziger Jahren an die Türe nach Europa klopfte und 1973 beitrat. Die Verheißungen des gemeinsamen Marktes waren letztendlich größer als die Realität präferenzieller Handelsbeziehungen mit dem Commonwealth. Es entbehrt nicht einer gewissen Tragik, dass selbst nach dem Brexit der Zugang zum gemeinsamen Markt eine ökonomische und politische Überlebensfrage für britische Regierungen bleiben wird.

Die Anziehungskraft des gemeinsamen Marktes ist ungebrochen und damals wie heute ein wichtiger Grund dafür, warum Nichtmitglieder dem Klub beitreten möchten. Die Osterweiterungsrunden 2004 und 2007, die die «Rückkehr» mittel- und osteuropäischer Staaten nach Europa infolge des Zusammenbruchs des Ostblocks besiegelten, waren nicht zuletzt handfesten ökonomischen Motiven geschuldet. Um von den Vorzügen des Binnenmarktes profitieren zu können, mussten staatlich gelenkte Wirtschaftssysteme in funktionierende Marktwirtschaften transformiert werden – ein Kraftakt, der ohne die Aussicht auf EU-Mitgliedschaft nicht in dieser Form stattgefunden hätte. Die Aussicht auf EU-Mitgliedschaft verlangte von den Beitrittskandidaten neben dem marktkonformen Umbau ihrer Wirtschaftssysteme auch die Konsolidierung demokratischer und rechtsstaatlicher Prozesse und Institutionen. Bereits die Beitritte der jungen Demokratien Griechenlands, Spaniens und Portugals in den achtziger Jahren machten deutlich, dass sich die Europäische Gemeinschaft nicht allein als Wirtschaftsgemeinschaft begriff, sondern auch als Gemeinschaft demokratischer Staaten. Neue Mitglieder müssen nicht nur Marktwirtschaft «können», sondern auch demokratische und rechtsstaatliche Standards erfüllen. Das Nobelkomitee würdigte 2012 die Leistung der EU als Garant für Frieden und Demokratie in Europa mit dem Friedensnobelpreis.

Das unaufhaltsame Fortschreiten der Marktintegration. Der Siegeszug der EU-Marktintegration ist beeindruckend. Von der Wirtschaftsgemeinschaft über den Binnenmarkt bis zur Währungsunion brauchte es gerade einmal vier Jahrzehnte. Um Marktverzerrungen zu verhindern, wird der gemeinsame Markt durch Regulierungsmaßnahmen eingehegt; um Staaten, Regionen oder Wirtschaftssektoren wettbewerbsfähiger zu machen, verteilt die EU zudem Subventionen. Die EU beseitigt heutzutage nicht nur Handelshemmnisse und verhindert unlauteren Wettbewerb; sie setzt Standards für den Schutz von Flora und Fauna, reguliert die Inhaltsstoffe für Verpackungen und Lebensmittel und ist für die Zulassung von Arzneimitteln zuständig. Sie finanziert Grundlagenforschung an Universitäten, leistet Hilfszahlungen an landwirtschaftliche Betriebe und unterstützt Infrastrukturmaßnahmen in wirtschaftlich schwachen Regionen.

Abgesehen von episodenhaften «Skandalen» über die angebliche Regulierungswut der EU – der zulässige Krümmungsgrad von Gurken oder die verpflichtende Umsetzung einer Seilbahnrichtlinie in Mecklenburg-Vorpommern gehören zum europaskeptischen Grundwortschatz – war das Fortschreiten der

Marktintegration und marktkorrigierender Maßnahmen lange Zeit ein eher leiser Prozess. Für politischen Zündstoff in innenpolitischen Debatten oder gar in Wahlkämpfen sorgte die Liberalisierung und Regulierung des gemeinsamen Marktes nur selten. Marktintegration war und ist in erster Linie Interessen- und Klientelpolitik: Profiteure der Marktintegration, wie beispielsweise international konkurrenzfähige Unternehmen, fordern von ihren Regierungen, sich für Marktöffnung einzusetzen. Leidtragende der Marktintegration, die Billiglohn- oder Importkonkurrenz fürchten, verlangen Marktabschottung. Je konzentrierter die Gewinne oder Verluste von Marktliberalisierung sind, desto mehr Druck üben organisierte Interessen auf ihre Regierungen und die EU aus. Solange jedoch die große Mehrheit der Bevölkerung von der Marktintegration im Großen und Ganzen profitiert, nimmt die Öffentlichkeit wenig Notiz von den Aushandlungsprozessen zwischen Lobbygruppen, Regierungen und EU-Institutionen über die Ausgestaltung des gemeinsamen Marktes. EU-Marktintegration erfreute sich über Jahrzehnte «stillschweigender Zustimmung» (Leon Lindberg und Stuart Scheingold) beziehungsweise rationaler Ignoranz: Warum soll mich der europäische Integrationsprozess interessieren, wenn er mir nicht schadet? Abgesehen von einzelnen Krisenepisoden – wie beispielsweise der «Krise des leeren Stuhls» während der Regentschaft des französischen Staatspräsidenten Charles de Gaulle in den sechziger Jahren, der kniffligen Frage des «Britenrabatts» unter Premierministerin Margaret Thatcher in den achtziger Jahren oder den Zeiten der durch fehlgeleitete EU-Subventionspolitik erzeugten Milchseen und Butterberge – spielte die europäische Politik in den innenpolitischen Auseinandersetzungen der Mitgliedstaaten meist eine untergeordnete Rolle.

Mit dem Inkrafttreten der Römischen Verträge 1958, die die Europäische Wirtschaftsgemeinschaft (und die Europäische Atomgemeinschaft, Euratom) begründeten, nahm die Marktliberalisierung Fahrt auf und kurbelte wirtschaftliches Wachstum und ökonomische Modernisierungsprozesse an. Gleichzeitig behielten die Mitgliedstaaten ausreichend politischen Spielraum bei der Ausgestaltung ihrer nationalen Wohlfahrtssysteme. Der amerikanische Politikwissenschaftler John Ruggie bezeichnete diese Gleichzeitigkeit aus internationaler Marktöffnung und dem Ausbau nationaler Sozialstaaten als System des «eingebetteten Liberalismus». Im Fahrwasser europäischer Marktintegration konnten die Mitgliedstaaten korrigierend in den Markt eingreifen, um ihre innenpolitisch ausgehandelten sozial-, wirtschafts- und arbeitsmarktpolitischen Ziele zu verfolgen. Marktinterventionen und Marktöffnung schlossen sich nicht aus, sondern ergänzten sich. Anstatt den Nationalstaat zu schwächen, hat die Marktintegration in Europa die Mitgliedstaaten wirtschaftlich und politisch gestärkt. Stephan Leibfried und Michael Zürn sprechen deshalb auch vom «goldenen Zeitalter des Staates», der sich in den sechziger und siebziger Jahren auf dem Höhepunkt seiner autonomen Leistungs- und Gestaltungsfähigkeit befand.

Die Politisierung der EU. Es mag paradox klingen, aber der Prozess der Marktintegration war in mancherlei Hinsicht zu erfolgreich. Im Zuge der neoliberalen Wende in den siebziger und achtziger Jahren, die in Ronald Reagan und Margaret Thatcher jenseits und diesseits des Atlantiks tatkräftige Avantgardisten fand, schwang das Pendel immer stärker in Richtung Marktliberalisierung. Regierungen folgten dem Credo, dass staatliche Eingriffe in die Märkte auf ein Minimum reduziert und bessere Anreize für Investitionen durch den Abbau von Kapitelverkehrskontrollen geschaffen werden sollten. Auch die Marktintegration in der EU geriet in den Sog der neoliberalen Wende: Das EU-Binnenmarktprogramm Mitte der achtziger Jahre war als wirtschaftlicher Liberalisierungsturbo gedacht, der den ökonomisch stagnierenden und durch hohe Arbeitslosigkeit gekennzeichneten Staaten der Gemeinschaft Schwung verleihen sollte. Die *vier Grundfreiheiten* des Binnenmarkts – Waren-, Dienstleistungs- und Kapitalverkehrsfreiheit sowie die Personenfreizügigkeit – wurden zur neuen Integrationsdoktrin, und der Abbau all jener Barrieren, die den Grundfreiheiten im Wege standen, war das Gebot der Stunde. Die Verwirklichung des Binnenmarktes schritt zügig voran. Heute herrscht weitgehende Arbeitnehmerfreizügigkeit, Waren passieren ohne Kontrollen innereuropäische Grenzen, Kapital fließt ungebremst dorthin, wo es die höchsten Renditen verspricht, und die Mehrheit der EU-Mitgliedstaaten hat sogar die Kontrolle über nationale Währungen an eine unabhängige Europäische Zentralbank (EZB) abgegeben, um Währungsmanipulationen den Garaus zu machen.

Die Währungsunion ist der vorläufige Schaffenshöhepunkt der europäischen «Liberalisierungsmaschine» (Wolfgang Streeck), die den Primat des Marktes festschreibt und in dessen Dienst sich die Politik zu stellen hat. Mit der Einführung des Euro verpflichteten sich die Mitglieder der Eurozone auf wirtschaftliche Konvergenz und eine Politik niedriger Verschuldung – besser noch eine Fixierung auf die «schwarze Null». Mit der selbst auferlegten Stabilitätspolitik beschneiden sich die Staaten der Eurozone in der Fähigkeit, durch eine schuldenfinanzierte, expansive Fiskalpolitik innenpolitische Verteilungskonflikte zwischen Liberalisierungsgewinnern und -verlierern effektiv befrieden zu können. Die Staaten der Eurozone sind daher der Möglichkeit beraubt, die eigene Währung abzuwerten, um in Krisenzeiten wirtschaftlich wieder auf die Beine kommen zu können. Ihnen bleibt nur mehr die innere Abwertung durch die Kürzung von Löhnen und Sozialleistungen. Als die Bankenkrise 2008 die EU mit voller Wucht traf, folgte eine Finanz- und Wirtschaftskrise, die gleichzeitig eine Politik- und Demokratiekrise nach sich zog: Das Korsett der gemeinsamen Währung ließ den von der Krise am meisten betroffenen Staaten kaum mehr Luft zum Atmen und zum politischen Gestalten. Statt die staatliche Fürsorge auszubauen, um krisenbedingte soziale Verwerfungen zu bekämpfen, sahen sich die Mitglieder des Euroraums zuletzt angehalten, zuvorderst Finanzmärkte und Währungsspekulanten zu bedienen. Die südeuropäischen Staaten der Eurozone mussten sich neoliberalen Strukturanpassungsprogrammen unterwerfen, um dem Staatsbankrott zu entkommen. Die zu diesem Zweck getroffenen Maßnahmen wurden von der «Troika» beschlossen, einem Expertengremium aus Vertretern der Europäischen Zentralbank (EZB), des Internationalen Währungsfonds (IWF) und der EU-Kommission. Den Regierungen der

Schuldnerstaaten in Athen, Lissabon, Madrid oder Rom waren gegenüber der eigenen Wählerschaft die Hände gebunden: Sie konnten sich entweder den Imperativen der Märkte und Wirtschaftsexperten beugen oder den Gang in den Staatsbankrott antreten. Die Eurokrise verschärfte ökonomische und soziale Ungleichheiten innerhalb der Mitgliedstaaten, aber auch zwischen ihnen. Daraus entwickelte sich eine oftmals toxische Konfliktgemengelage. Der Streit über Art und Umfang von Hilfsmaßnahmen wurde von Vertretern potenzieller Gläubigerstaaten zum Gegensatz zwischen «Sparern» aus dem Norden und «Verschwendern» aus dem Süden stilisiert und medial angeheizt. Die Bild-Zeitung wurde nicht müde, gegen die «Pleite-Griechen» zu wettern, die deutsche Wohlstandsreserven verschwendeten. Griechische Boulevardmedien wiederum verteufelten die Troika und Angela Merkel, indem sie Vergleiche zur Expansionspolitik der Nationalsozialisten zogen.

Diese Episode verdeutlicht einen allgemeinen, tiefergehenden Trend in der EU. Die Epoche, in der Konflikte über EU-Politik primär zwischen wirtschaftlichen Interessengruppen, Politikern und EU-Offiziellen ausgehandelt wurden, gehört der Vergangenheit an. Die Eurokrise steht stellvertretend für die «Politisierung» (Liesbet Hooghe und Gary Marks) der EU: Kontroversen über europäische Politik nehmen zu, sie gewinnen an Schärfe und mobilisieren die politische Öffentlichkeit. Die EU ist zu einem Dauerbrenner politischer Kontroversen geworden, sie prägt den politischen Diskurs und Wettbewerb innerhalb der EU-Mitgliedstaaten nachhaltig.

Das europäische Integrationsparadox. Der Brexit, die Euro-, die Migrations- sowie die Corona-Krise liefern allesamt Anschauungsmaterial für die zunehmende Politisierung der EU. Sie sind aber auch Chiffren für ein europäisches *Integrationsparadox*. Durch wirtschaftliche Integration hat die EU dem Nationalstaat in den Nachkriegsjahrzehnten aus der Patsche geholfen. Heute schickt sich der Nationalstaat an, vor der EU davonzulaufen, obwohl der gemeinsame Problemdruck immens ist. Grenzüberschreitenden Herausforderungen, egal ob es sich dabei um die

Rettung des Klimas oder des Euro, den Aufkauf von Impfdosen oder eine faire Verteilung von Geflüchteten handelt, kann nur mit zwischenstaatlicher Kooperation begegnet werden. Inwiefern sind die EU-Staaten und ihre Gesellschaften dazu bereit, gemeinsam Lösungen für derartige Herausforderungen zu finden? Der Brexit, die Euro- und die Migrationskrise haben aufgezeigt, dass sich viele Konflikte nicht ohne weiteres wegverhandeln oder mittels sachlogischer und vermeintlich rationaler Argumente auflösen lassen: Wie tief darf EU-Politik noch in nationale Souveränität eindringen? Wo endet demokratische Selbstbestimmung, wo beginnt Fremdbestimmung? Welcher Gemeinschaft gilt meine Solidarität? Der nationalen? Der europäischen? Die EU der Gegenwart ist selbst zum Zankapfel geworden. Europaskeptische Parteien und Bewegungen haben an Zulauf gewonnen, und das europäische Integrationsprojekt ist öffentlich so präsent, aber auch so umstritten wie noch nie in seiner Geschichte.

Dieses einführende Buch möchte verständlich machen, wie die EU an diesem Punkt angelangt ist. Hierzu will es der Leserin und dem Leser ausreichend Hintergrundwissen vermitteln und auf die Entwicklungspfade eingehen, die den EU-Integrationsprozess kennzeichnen. Der erste Teil führt in die *Zuständigkeitsbereiche* der EU ein. Hier wird der Weg der Marktintegration, die Einführung des Euro sowie das Abgleiten in die Eurokrise nachgezeichnet. Neben den Prozessen marktschaffender Politik werden gleichsam marktkorrigierende Politikfelder vorgestellt, wie die Umwelt- und die sozialregulative Politik, die den gemeinsamen Markt flankieren. Darüber hinaus wird die Ausgabenpolitik der EU in den Blick genommen, wie beispielsweise die Landwirtschaftspolitik und Kohäsionspolitik. Auch auf die Bereitstellung von Finanzhilfen aus dem europäischen Aufbauplan, der im Zuge der Corona-Krise aufgelegt wurde, wird eingegangen. Selbstverständlich darf auch die zunehmende Europäisierung nationaler Innenpolitik nicht fehlen, wie beispielsweise die Asylpolitik oder die Intensivierung der Zusammenarbeit beim Schutz der EU-Außengrenzen. Eine Darstellung der außenpolitischen Befugnisse der EU beschließt den ersten Teil des Buches.

Damit aus formalen Zuständigkeiten europäische Politik wird, braucht es ein politisches System, in dem Zuständigkeiten verteilt, die politisch relevanten Akteure benannt sowie Entscheidungsprozesse festgelegt werden. Der zweite Teil des Buches befasst sich deshalb mit dem *Entscheidungssystem* der EU. Es stellt die wichtigsten EU-Organe, deren Funktionen und Regelungsbefugnisse vor und schildert, wie EU-Politik zustande kommt: Dabei werden das «Tagesgeschäft» – die EU-Gesetzgebung – ebenso wie politische «Meilensteine» – beispielsweise Vertragsreformen oder akute Reaktionen auf Krisen – in den Blick genommen.

Der dritte Teil des Buches widmet sich der *Dynamik des EU-Integrationsprozesses*. Zwei Entwicklungspfade stehen im Mittelpunkt, die zum Verständnis des gegenwärtigen Zustands der EU wichtig sind. Zum einen werden die *Sogkräfte* der EU-Integration diskutiert, also jene Faktoren und Prozesse, die den EU-Integrationsprozess stabilisieren und vertiefen. Hierzu zählt die nach wie vor anhaltende Attraktivität des gemeinsamen Marktes und der damit einhergehende Imperativ, Folgeprobleme der Marktintegration gemeinsam, europäisch zu bewältigen. Dem stehen die *Fliehkräfte* des EU-Integrationsprozesses gegenüber. Hier gilt es unter anderem zu zeigen, dass demokratische Selbst- und Mitbestimmung mit der Ausweitung der EU-Marktintegration nicht Schritt halten können, was die Demokratiefähigkeit der EU in Frage stellt. Zudem haben die mannigfaltigen Krisen verdeutlicht, dass die EU für Umverteilungs- und Identitätskonflikte bisher keine effektiven Gegenmittel gefunden hat. Davon haben insbesondere Europaskeptiker und Populisten profitiert. Bei allem Erfolg scheint die EU in ihrem eigenen Korsett gefangen. Die Frage, ob sie sich selbst daraus befreien kann, wird im Schlussabschnitt thematisiert.

I. Die Schwerkraft der Marktintegration: Wofür die EU zuständig ist

Herzstück der EU ist die Marktintegration. Marktschaffende Politiken wurden im Laufe der Zeit um marktkorrigierende und -zähmende Politiken ergänzt. Hierzu zählen beispielsweise sozialregulative Politiken, wie der Umwelt- und Verbraucherschutz, und einzelne Ausgabenpolitiken, die bestimmte soziale Gruppen vor den Auswüchsen des Marktwettbewerbs schützen sollen, darunter die Landwirtschaftspolitik sowie die Struktur- und Kohäsionspolitik. Während marktverwandte Innen- und Außenpolitiken zunehmend in den Sog des EU-Integrationsprozesses geraten sind, bleibt die EU als Akteurin der internationalen Politik – zumindest in marktfernen Bereichen – hinter den Erwartungen zurück.

Die Zuständigkeiten der EU im Überblick

Kaum ein Politikbereich ist von der Reichweite der EU ausgenommen. Daher tangiert europäische Politik in hohem Maße auch die Lebenswirklichkeit der Bürgerinnen und Bürger: Verzögerungen bei der Corona-Impfstoffbeschaffung, die Umstellung auf den Euro, Grenzöffnungen im Schengen-Raum, die Frage nach finanzieller Solidarität oder humanitäre Hilfe für in Europa oder an Europas Grenzen gestrandete Geflüchtete – diese Themen treiben uns um, sie bestimmen politische Debatten und haben alle eine europäische Dimension.

Seit dem Vertrag von Lissabon, der 2009 in Kraft trat, sind die Befugnisse der EU im Vertrag über die Arbeitsweise der Europäischen Union (AEUV) nach unterschiedlichen Kompetenzarten aufgeschlüsselt. Der AEUV unterscheidet ausschließliche, geteilte und unterstützende Zuständigkeiten (siehe Tabelle 1). *Ausschließliche* Zuständigkeiten werden nach Artikel 2, Ab-

Die Zuständigkeiten der EU im Überblick

Tabelle 1: Zuständigkeitsbereiche der EU

Art der Kompetenz	Politikbereiche (Auswahl)
Ausschließliche EU-Zuständigkeit (Artikel 3, AEUV)	Fischereipolitik; Handelspolitik; Währungspolitik; Wettbewerbspolitik; Zollpolitik
Geteilte Zuständigkeit (Artikel 4, AEUV)	Binnenmarkt; Energiepolitik; Forschung; Inneres und Justiz, Landwirtschaft, Umwelt- und Verbraucherschutz; sozial-regulative Politik; Verkehrspolitik
Unterstützende EU-Maßnahmen (Artikel 6, AEUV)	Bildung, Jugend und Sport; Gesundheit; Industriepolitik, Kulturpolitik, Tourismus, Katastrophenschutz, Verwaltungszusammenarbeit

satz 1 AEUV von der EU in alleiniger Kompetenz ausgeübt: Mitgliedstaaten dürfen nur gesetzgeberisch tätig werden, wenn sie von der EU zum Handeln ermächtigt werden. Hierzu zählen unter anderem die Währungspolitik für den Euroraum, die Wettbewerbspolitik, um den Binnenmarkt vor Wettbewerbsverzerrungen zu schützen, oder die Handelspolitik, die es der EU ermöglicht, internationale Handelsabkommen zu schließen. Im Bereich der *geteilten* Zuständigkeiten können sowohl die EU als auch die Mitgliedstaaten gesetzgeberisch tätig werden, wobei die Mitgliedstaaten nur dann gesetzgeberisch tätig werden können, wenn die EU ihre Zuständigkeit nicht ausübt (Artikel 2, Absatz 2 AEUV). Hierzu zählt eine Vielzahl von Politikbereichen, die neben dem Binnenmarkt beispielsweise auch die Bereiche Landwirtschaft, Umwelt- und Verbraucherschutz, Energie, Verkehr, Inneres und Justiz umfassen. Letztlich erwähnt der AEUV in Artikel 2, Absatz 5 *unterstützende, koordinierende* und *ergänzende* Zuständigkeiten. EU-Maßnahmen in diesen Politikfeldern sollen explizit nicht in Konkurrenz zu mitgliedstaatlichen Maßnahmen treten. Hierzu zählen Bereiche wie Kultur und Tourismus, allgemeine und berufliche Bildung, Jugend und Sport.

Im Folgenden werden einzelne Zuständigkeitsbereiche näher vorgestellt. Dabei folgt dieses Buch jedoch nicht der vertraglich fixierten Klassifizierung nach Kompetenzarten, es unterscheidet vielmehr nach inhaltlich zusammenhängenden Politikbereichen.

Zudem soll dieses Kapitel verdeutlichen, dass die Ausweitung der Zuständigkeitsbereiche der EU einer inneren Expansionslogik folgt, in deren Zentrum die *Marktintegration* steht, die in den fünfziger Jahren den Ausgangspunkt für den Integrationsprozess markierte. Zur Marktintegration gehören all jene Zuständigkeiten, die zum Aufbau eines grenzüberschreitenden Binnenmarktes relevant sind, wie beispielsweise die Zoll- und Wettbewerbspolitik. Eine gemeinsame Währungspolitik, die heute im Euro ihren Ausdruck findet, ist ebenfalls ein Instrument zur Vertiefung der Marktintegration. Zur Marktintegration gehören neben diesen *marktschaffenden* Maßnahmen auch *marktkorrigierende* Politiken, die darauf ausgerichtet sind, politisch und gesellschaftlich unerwünschte Konsequenzen des Binnenmarktes einzuhegen und zu korrigieren. Hierzu zählen Zuständigkeiten wie der Umwelt- und Verbraucherschutz ebenso wie sozialpolitische Maßnahmen, die beispielsweise Diskriminierung am Arbeitsplatz verhindern sollen. Neben der Marktintegration sind *Ausgabenpolitiken* ein wichtiger Pfeiler des EU-Zuständigkeitsspektrums. Hierzu zählen die gemeinsame Landwirtschaftspolitik und die Kohäsionspolitik, ohne die das Fortschreiten der Marktintegration politisch nicht umsetzbar gewesen wäre. Wie weit der Integrationsprozess mittlerweile fortgeschritten ist, lässt sich auch daran ablesen, dass das nationalstaatliche Gewaltmonopol eine europäische Färbung bekommen hat. Einzelne Fragen *innerer und äußerer Sicherheit* werden heute im Konzert der Mitgliedstaaten und EU-Institutionen geregelt, wie bestimmte Aspekte des Asyl- und Einwanderungsrechts oder der grenzüberschreitenden Verbrechensbekämpfung.

Die Anziehungskraft des Marktes

Ohne die Marktintegration gäbe es die EU nicht. Sie steht im Mittelpunkt des europäischen Integrationsprozesses. Mit der Gründung der Europäischen Wirtschaftsgemeinschaft (EWG) 1957 machten die sechs Gründungsmitglieder der EGKS den ersten Schritt auf dem Weg zu einem gemeinsamen Markt. Die Zentralität der Marktintegration für das europäische Integrationsprojekt ist umso bemerkenswerter, als neben ökonomischen vor allem auch sicherheitspolitische Motive die Grundlage der Integrationsüberlegungen Anfang der fünfziger Jahre bildeten. Die EGKS war zwar ein wirtschaftliches Kooperationsprojekt, die Motive dahinter waren jedoch primär sicherheitspolitischer Natur. Durch die gleichberechtigte Einbindung der Bundesrepublik in eine überstaatliche Organisation sollte ein zukünftiger Krieg zwischen den ehemaligen «Erzfeinden» Deutschland und Frankreich verhindert werden. Mit dem Aufkeimen des Kalten Krieges intensivierten die EGKS-Staaten ihre sicherheitspolitischen Bemühungen, noch bevor der Vertrag über die EGKS überhaupt unterzeichnet war. Die sich verschärfende Blockkonfrontation und die prekäre Lage Westeuropas führten den französischen Ministerpräsidenten René Pleven sogar dazu, die Schaffung einer europäischen Armee vorzuschlagen. Das Ergebnis dieser Überlegungen war die 1952 von den sechs Gründungsmitgliedern vertraglich besiegelte Europäische Verteidigungsgemeinschaft (EVG), in deren Fahrwasser sogleich noch eine Verfassungsordnung in Form der Europäischen Politischen Gemeinschaft (EPG) verabschiedet werden sollte. Beide Projekte scheiterten, da die französische Nationalversammlung die EVG (und damit auch die EPG) ablehnte. Das befürchtete sicherheitspolitische Vakuum in Westeuropa, das durch die EVG gefüllt werden sollte, verlor durch die Einbindung der Bundesrepublik in die Westeuropäische Union (WEU) jedoch an Brisanz. Mit der darauffolgenden Aufnahme der Bundesrepublik in die NATO wurden zwei sicherheitspolitische Probleme gelöst: Westeuropa schlug sich (sicherheits-)politisch klar auf die Seite der USA, und die Bundesrepublik verlor durch die Westbindung – insbesondere für Frankreich – ihren Bedrohungscharakter und wurde stattdessen zu einer gleichberechtigten Partnerin Frankreichs.

Der gemeinsame Markt: das Herzstück der Integration. Als Antwort auf das Scheitern der EVG und EPG sollte die nur wenige Jahre später eingesetzte EWG den Integrationsprozess vom Kopf auf die Füße stellen. EVG und EPG hätten nationalstaatliche Institutionen überwinden und durch europäische ersetzen sollen.

Diese Vorstellungen waren in der unmittelbaren Nachkriegszeit in föderal gesinnten Kreisen populär und hatten durchaus politisches Gewicht. Dem Scheitern von EVG und EPG folgte nunmehr ein gewisser Pragmatismus. In den Vordergrund der Diskussionen zwischen den Sechs rückte die Frage, wie in Anbetracht der entbehrungsreichen Nachkriegsjahre und der Systemkonkurrenz zwischen Ost und West wirtschaftliche und technologische Entwicklung sowie gesellschaftlicher Wohlstand realisiert werden könnten. Staatliche Alleingänge und die Abschottung von Märkten, so die Überzeugung der Sechs, konnten keine probate Antwort auf diese Frage sein. Mit der Errichtung eines gemeinsamen Marktes sollte ein Wirtschaftsraum auf der Grundlage einer abgestimmten Wirtschaftspolitik geschaffen werden, die die «fortlaufende wirtschaftliche Ausweitung, größere Sicherheit gegen Rückschläge, eine beschleunigte Hebung des Lebensstandards und die Entwicklung harmonischer Beziehungen zwischen den Teilnehmerstaaten zum Ziele haben wird», wie es im Bericht des belgischen Außenministers Paul-Henri Spaak an die Regierungsvertreter aus dem Jahr 1956 heißt.

Der 1957 in Rom unterzeichnete und 1958 in Kraft getretene EWG-Vertrag legte einen Fahrplan zur Schaffung eines gemeinsamen Marktes vor. Der erste wichtige Schritt auf dem Weg zum gemeinsamen Markt war die Errichtung einer *Zollunion*, die alle Mitgliedstaaten verpflichtete, bis 1968 schrittweise Zölle und mengenmäßige Beschränkungen auf Waren abzuschaffen. Darüber hinaus verpflichteten sich die EWG-Staaten, Liberalisierungsbemühungen auch auf Dienstleistungen, den Kapitalverkehr und die Personenfreizügigkeit auszuweiten. Die Verwirklichung dieser *vier Grundfreiheiten* ging – im Unterschied zur Verwirklichung der Zollunion – nur schleppend voran. Häufig scheiterten Harmonisierungsbestrebungen am Veto einzelner Mitgliedstaaten. Um derartige Blockaden bei der Marktintegration zu umschiffen, sah der EWG-Vertrag einen schrittweisen Übergang von Einstimmigkeit zu Mehrheitsentscheidungen vor. Der französische Staatspräsident Charles de Gaulle drohte der EWG lange Zeit mit Blockade, sollte das Einstimmigkeitsprinzip Mehrheitsentscheidungen weichen, bis der *Luxemburger*

Kompromiss von 1966 das Blockadegebaren der französischen Regierung schließlich beendete. Dieses Gentlemen's Agreement etablierte ein faktisches Veto-Recht für jeden Mitgliedstaat, das erst mit dem Inkrafttreten der Einheitlichen Europäischen Akte (EEA) 1987 überwunden werden konnte.

Die faktische Vetomöglichkeit hatte ihren Anteil daran, dass der Fortschritt auf dem Weg zur Marktintegration ins Stocken geriet. Mit der EEA sollten die Versäumnisse später zügig nachgeholt werden. Sie war seit dem Inkrafttreten der EWG 1958 nach fast dreißig Jahren die erste weitreichende Reform des gemeinschaftlichen Vertragswerkes. Die mittlerweile auf zwölf Mitgliedstaaten angewachsene Gemeinschaft setzte sich Mitte der achtziger Jahre zum Ziel, den gemeinsamen Markt bis 1992 endlich zu verwirklichen. Die EEA wurde als «relance» (Neuanfang) gefeiert, mit der die «Eurosklerose» der frühen achtziger Jahre überwunden werden sollte: Schleppendes Wachstum, lahmende Investitionstätigkeit, internationale Marktkonkurrenz aus den USA und Fernost sowie Entscheidungsblockaden innerhalb der Gemeinschaft führten zu einem enormen Problemdruck, der einen Politikwandel anstieß und die Aufgeschlossenheit europäischer Regierungen gegenüber ökonomischen Liberalisierungsmaßnahmen erhöhte. Das deutsch-französische Tandem, gelenkt vom deutschen Bundeskanzler Helmut Kohl und vom französischen Staatspräsidenten François Mitterrand, konnte sogar die europaskeptische britische Premierministerin Margaret Thatcher für das Binnenmarktprojekt und dessen wirtschaftliche Liberalisierungsversprechen gewinnen. Als EU-Kommissionspräsident sorgte der Franzose Jacques Delors dafür, dass die Kommission ein umfassendes Maßnahmenpaket von fast 300 EU-Gesetzesvorschlägen vorlegte, das dem Wildwuchs nationaler Handelsbeschränkungen ein Ende setzen sollte. So behinderten beispielsweise unterschiedliche Kennzeichnungspflichten für Waren nach wie vor den freien Warenverkehr. Das grundsätzliche Problem war bis dahin, dass die Verabschiedung der zur Realisierung des Binnenmarkts notwendigen Rechtsakte nationalen Partikularinteressen zum Opfer fiel. Deshalb verpflichteten sich die Mitgliedstaaten in der EEA dazu, vom Luxemburger Kompromiss abzurücken und von nun an Mehrheitsentscheidungen bei der Umsetzung des ambitionierten Binnenmarktprogramms zu akzeptieren. Dieser institutionelle Durchbruch sollte dessen Umsetzung nachhaltig beschleunigen.

Die Wiederbelebung des Binnenmarktprojektes wurde nicht zuletzt tatkräftig durch die Rechtsprechung des Gerichtshofs der EU unterstützt. Das faktische Einstimmigkeitserfordernis und nationale Protektionismen in den siebziger und achtziger Jahren brachten die «positive Integration» (Fritz Scharpf), die Umsetzung des gemeinsamen Marktes durch europäische Gesetzgebung, praktisch zum Erlahmen. Im Rücken der Mitgliedstaaten ebnete hingegen der Gerichtshof mit den Doktrinen des Vorrangs und der Direktwirkung von EU-Recht Klägerinnen und Klägern den Weg, binnenmarktfeindliche nationale Regelungen vor Gericht anzufechten. Durch die binnenmarktfreundliche Auslegung von EU-Recht wurden Staaten von Rechts wegen dazu angehalten, nationale Regelungen zu beseitigen, die die Prinzipien des freien Marktes konterkarierten («negative Integration»).

Die Einrichtung eines funktionierenden Binnenmarkts ist ein Meilenstein auf dem Weg der Marktintegration. Flankiert wird der gemeinsame Markt durch eine der ältesten Gemeinschaftspolitiken, die *Wettbewerbspolitik*. Ziel von Wettbewerbspolitik ist die Verhinderung von Marktverzerrungen. Sie ist eine durch und durch marktschaffende Politik. Bereits in den fünfziger Jahren folgten die Gründungsmitglieder von EGKS und EWG dem wirtschaftsliberalen Credo, dass Eingriffe in den Markt notwendig sind, um Verzerrungen des Marktwettbewerbs zu unterbinden. Wettbewerbsverzerrungen können beispielsweise durch staatliche Beihilfen entstehen, mit denen krisengeschüttelten Unternehmen unter die Arme gegriffen wird. Beihilfen sind in schwierigen Zeiten eine willkommene Hilfe für betroffene Unternehmen, sie untergraben jedoch Marktkonkurrenz und können langfristig die Innovationskraft und Wohlstandsentwicklung bremsen. Durch wettbewerbspolitische Maßnahmen, wie die Kontrolle von staatlichen Beihilfen durch die EU-Kommission, soll Wettbewerbsverzerrungen effektiv begegnet werden. Ein weiteres Mittel der Wettbewerbspolitik ist die Kontrolle von Monopolen oder Kartellen, um wettbewerbsbeschränkende Maßnahmen, wie beispielsweise Preisabsprachen zwischen Unternehmen, zu unterbinden. Zur Verhinderung derartiger wettbewerbsverzerrender Maßnahmen haben die Mitgliedstaaten der EU-Kommission weitreichende Befugnisse übertragen. Die Kommission kann marktverzerrenden Maßnahmen durch Verbote entgegenwirken und auch regelsetzend tätig werden. Sie besitzt damit eine quasi-justizielle Machtfülle, die dazu führte, dass die Generaldirektion Wettbewerb der Kommission sowie die für Wettbewerb zuständigen Kommissarinnen und Kommissare zu den – von Unternehmen wie Regierungen gleichermaßen gefürchteten – heimlichen Eminenzen der EU avancierten. Der Belgier Karel van Miert, von 1993 bis 1996 Kommissar für Wettbewerbsfragen, wurde von der britischen Zeitung *The Guardian* einst als einer der mächtigsten Männer Europas bezeichnet. Er machte sich unter anderem beim deutschen Bundeskanzler unbeliebt, als er 1998 den von Helmut Kohl unterstützten Zusammenschluss zwischen der Kirch-Gruppe und Bertelsmann zu einer dominanten Pay-TV-Allianz unterband. Gleiches gilt für die Dänin Margrethe Vestager, die als Wettbewerbskommissarin von 2014 bis 2019 eine der mächtigsten Frauen in Brüssel war. Sie scheute nicht davor zurück, sich mit einigen Mitgliedstaaten über selektiv gewährte Steuervorteile gegenüber Großunternehmen wie Apple und Starbucks anzulegen. Auch Google nahm sie ins Visier, da der Konzern seine marktbeherrschende Stellung unter Suchmaschinen missbrauchte. Google brachte das eine milliardenschwere Strafe ein und Vestager 2015 eine Schlagzeile im *TIME*-Magazin, wonach sie Googles schlimmster Alptraum sei.

Wirtschafts- und Währungsunion: vom Einigungssymbol zum Sorgenkind. Der Prozess wirtschaftlicher Integration ist mit der Schaffung eines gemeinsamen Marktes und der Realisierung der «vier Grundfreiheiten» keinesfalls abgeschlossen. Eine Währungsunion mit fixen Wechselkursen oder gar einer gemeinsamen Währung kann weitere wirtschaftliche Vorteile nach sich ziehen. Eine gemeinsame Währung reduziert Transaktionskosten, indem beispielsweise Wechselkursrisiken entfallen, und sie schafft Preistransparenz für Verbraucherinnen und Verbraucher. Gesamtwirtschaftlich kann eine Währungsunion auch zur Geldwertstabilität beitragen, insbesondere wenn an ihrer Spitze eine von der Politik unabhängige Zentralbank steht, die ihre Geldpolitik fernab politischer Wahlzyklen einzig daran ausrichten kann, was der Preisstabilität (und nicht der Wiederwahl) nützt. Währungsunion und Wirtschaftsunion werden oft in einem Atemzug genannt, da in der Forschung weitgehend Einigkeit darüber besteht, dass eine Währungsunion am effektivsten funktioniert, wenn nationale Wirtschaftspolitiken aufeinander abgestimmt sind und Störungen im gesamtwirtschaftlichen Gleichgewicht vermieden werden. Wenn Staaten auf die eigene Währung verzichten, geben sie damit jedoch auch die Möglichkeit der Geldmengensteuerung und Währungsanpassung aus der Hand. In Krisenzeiten können diese Instrumente nützlich sein, um die eigene Liquidität sicherzustellen und die Wettbewerbsfähigkeit durch Abwertung der Währung zu verbessern. Wie folgenreich dieser Souveränitätsverzicht sein kann, wurde im Zuge der Eurokrise deutlich, als krisengeschüttelten Staaten nur noch der Ausweg blieb, durch Ausgabenkürzungen «intern» abzuwerten, was die wirtschaftlichen Ungleichgewichte innerhalb der Eurozone weiter verstärkte.

Auch wenn die ökonomischen Vorteile einer Wirtschafts- und Währungsunion auf der Hand liegen mögen, war die schrittweise Realisierung der Wirtschafts- und Währungsunion (WWU) mehr ein politischer Willensakt als eine wirtschaftliche Notwendigkeit. Die EU-Kommission unter Jacques Delors bemühte dennoch vor allem ökonomische Argumente, um für Akzeptanz zu werben, indem die gleichsam organische Verbindung zwischen dem Binnenmarktprogramm und einer Währungsgemeinschaft herausgehoben wurde («One Market, One Money»). Ausschlaggebend für den Durchbruch zur WWU im Kontext des Vertrags von Maastricht, der 1991 verhandelt wurde, war letztlich die gemeinsame Absicht der Mitgliedstaaten, das wiedervereinigte Deutschland stärker an die EU zu binden, um jeden Anschein von Großmannssucht im Keim zu ersticken. Der Euro als Gemeinschaftswährung sollte das Symbol für die Irreversibilität des europäischen Einigungsprozesses sein. Darüber hinaus erhofften sich Staaten wie Frankreich und Italien, die geldpolitische Dominanz der Bundesbank in einem gemeinsamen Währungsraum unter der Ägide einer gemeinsamen Zentralbank, der EZB, brechen zu können. Die Einführung des Euro erfüllte diese Erwartung nur teilweise. Die Bundesregierung konnte durchsetzen, dass die Deutsche Bundesbank Modellcharakter erhielt, indem die EZB mit einem engen, an Preiswertstabilität ausgerichteten Mandat ausgestattet wurde. Zudem pochte die Bundesregierung auf strikte Aufnahme- und Stabilitätskriterien für die Mitgliedschaft in der Eurozone, die sich in der Folgezeit als Achillesverse der WWU erweisen sollten.

Die ökonomischen Voraussetzungen für eine funktionierende Währungsunion sind hoch. Es wurde bald deutlich, dass die WWU in der Realität kein «optimaler Währungsraum» ist. Zu unterschiedlich gestaltete sich die wirtschaftliche Entwicklung in den Staaten der Eurozone; zu unterschiedlich betroffen waren und sind die Eurostaaten von der Finanz- und Wirtschaftskrise. Die Stabilitätskriterien sind einerseits zu unflexibel, als dass Krisenstaaten von der Gemeinschaft effektiv unterstützt werden könnten; andererseits sind sie zu flexibel, weil sie regelmäßig von Eurozonenmitgliedern verletzt und die Regelbrecher nicht effektiv sanktioniert werden. Zudem fehlt ein finanzieller Ausgleichmechanismus – eine Art europäischer Finanzausgleich –, der bei makroökonomischen Ungleichgewichten und in Krisenzeiten dafür sorgen könnte, dass es nicht zum wirtschaftlichen Kollaps einzelner Mitglieder kommt. Ein solcher Ausgleichsmechanismus war Anfang der neunziger Jahre, als die WWU verhandelt wurde, ein Tabuthema und ist es großteils auch heute noch. Despektierlich sprechen die Gegner eines Ausgleichsmechanismus von einer «Transferunion», die verhindert werden müsse. Eine zentrale, in den neunziger Jahren von der Bundesregierung durchgesetzte Bedingung für die Einrichtung der WWU war nämlich die Festschreibung des Haftungsausschlusses (Artikel 125 AEUV), wonach kein Land der Eurozone für die Schulden eines anderen Landes die Haftung übernehmen darf. Eine Währungsunion ohne möglichen Finanzausgleich setzt allerdings weitreichende Konvergenz der Wettbewerbsfähigkeit und Wirtschaftsstrukturen von im Kern stark unterschiedlichen Volkswirtschaften voraus. Dafür sollten die im Vertrag von Maastricht festgeschriebenen Stabilitäts- und Konvergenzkriterien sorgen, die jedes potenzielle Eurozonenmitglied auf Preiswertstabilität und gesunde Staatsfinanzen verpflichten. Mit dem Stabilitäts- und Wachstumspakt von 1997 sollte sichergestellt werden, dass gerade die aktuellen Mitglieder der Eurozone die wichtigsten Konvergenzkriterien befolgen, womit in erster Linie nachhaltiges Haushalten gemeint ist. Nichtbefolgung durch zu hohe Neuverschuldung oder eine zu hohe Schuldenquote kann von der Kommission angemahnt werden und sogar zu Sanktionen führen, wenn sich eine Staatenmehrheit dazu durchringt. De facto hackt die eine Krähe der anderen jedoch nur ungern ein Auge aus: Folglich ließen potenzielle Defizitsünder aktuelle Defizitsünder in der Regel davonkommen. Auch die Bundesrepublik scheute nicht davor zurück, gegen die einst so vehement geforderten Stabilitätskriterien zu verstoßen. So überschritt die rot-grüne Regierung unter Bundeskanzler Gerhard Schröder die Defizitgrenzen zwei Jahre in Folge (2002 und 2003). Die Umsetzung der «Agenda 2010», so Schröders Begründung, brachte bereits erhebliche soziale Einschnitte mit sich, die durch eine mit den Stabilitätskriterien konforme Haushaltspolitik noch zusätzlich verschärft worden wären. Da andere Mitgliedstaaten sich ebenfalls anschickten, die Defizitgrenze zu durchbrechen, fand sich keine notwendige Staatenmehrheit, um die Defizitsünder zu bestrafen. Sanktionsandrohungen wurden folglich zu einer stumpfen Waffe. Die Aufweichung des Sanktionsmechanismus verdeutlichte nicht nur den laxen Umgang mit den Stabilitätskriterien, sondern ließ bereits erahnen, dass die Eurozone für Krisenzeiten schlecht gewappnet war, wenn der Regelbruch zum Normalfall wird.

Als 2008 die Finanz- und Staatsschuldenkrise über die EU hereinbrach, traten die Konstruktionsfehler der WWU wie unter einem Brennglas zutage. Griechenland stand vor der Zahlungsunfähigkeit. Andere Euro-Staaten wie Spanien, Portugal, Italien, Irland und Zypern waren ebenfalls vom Staatsbankrott bedroht. Vom einen Tag auf den anderen musste die EU intervenieren, um das Auseinanderbrechen der Eurozone zu verhindern. Umfangreiche Kredithilfen wurden durch den neu geschaffenen Europäischen Stabilitätsmechanismus (ESM) zur Verfügung gestellt, eine europäische Banken- und Finanzmarktaufsicht wurde aus dem Boden gestampft, und die EZB kündigte an, Staatsanleihen in massivem Umfang von Krisenstaaten aufzukaufen, um deren Finanzierungslast zu drücken. Streit über diese Maßnahmen war allerdings vorprogrammiert. Als der damalige EZB-Präsident Mario Draghi 2012 in seiner berühmten «Whatever it takes»-Rede verkündete, dass die EZB alles in ihrer Macht Stehende unternehmen würde, um den Euro zu retten, geriet die EZB selbst ins Fadenkreuz der Kritik. Was die Finanzmärkte beruhigte, war politisch und juristisch umstritten. Darf die EZB Staatsanleihen aufkaufen? Ist das nicht verdeckte Haushaltsfinanzierung und daher mit dem geldpolitischen Mandat der EZB unvereinbar? Wo einige Regierungen und Euro-Enthusiasten die EZB für ihre «unkonventionelle» Geldpolitik lobten und ihren essenziellen Beitrag zur Euro-Rettung unterstrichen, sahen andere eine klare Mandatsüberschreitung: Mit geldpolitischer Verschleierungstaktik finanziere die EZB marode Staatshaushalte mit. Der Streit über die Mandats(un)treue der EZB landete nicht nur einmal vor dem Bundesverfassungsgericht, das daraufhin beim Gerichtshof der EU mehrmals kritisch anfragte, ob die EZB mit dem Anleihekaufprogramm ihre Befugnisse nicht unzulässig überschritten habe. 2015 befand der EU-Gerichtshof, dass die EZB im Rahmen ihrer Befugnisse agiert habe. Damit gaben sich die Kläger und das Bundesverfassungsgericht aber nicht zufrieden. Letzteres urteilte 2020, dass das Anleihekaufprogramm in Teilen gegen das Grundgesetz verstoße, und die deutschen Verfassungshüter verlangten von der EZB Nachbesserungen. Der Konflikt um die Euro-Rettung ist nicht nur ein Konflikt zwischen Befürworterinnen und Befürwortern einer Fiskal- oder Transferunion und deren klagefreudigen Gegnerinnen und Gegnern; er ist mittlerweile zu einem Konflikt über das Verhältnis zweier Rechtsordnungen (Grundgesetz und EU-Recht) und zweier oberster Gerichte (Bundesverfassungsgericht und EU-Gerichtshof) mit ungewissem Ausgang angewachsen.

Den Markt zähmen durch regulative Politik

Aus wirtschaftsliberaler Sicht erfüllt das europäische Integrationsprojekt mit der Integration nationaler Märkte und Währungen seinen Hauptzweck. Nun sind Märkte keine abstrakten Gebilde. Sie sind eingebettet in gewachsene politische und gesellschaftliche Strukturen, die sich von Land zu Land unterscheiden. Zwischen Staaten und gesellschaftlichen Gruppen gibt es daher auch unterschiedliche Interessen in Bezug darauf, wie Märkte ausgestaltet sein sollen und wie stark der Staat in Marktbeziehungen eingreifen darf. Wirtschaftsliberale sehen die Rolle des Staates eher minimalistisch. In erster Linie ist er demzufolge zuständig für Rechtssicherheit, den Schutz von Eigentum und die Unterbindung von Wettbewerbsverzerrungen. Fürsprecherinnen und Fürsprecher eines stärkeren Staatsinterventionismus betonen dagegen die Notwendigkeit, soziale Risiken und unerwünschte Nebenfolgen von Marktprozessen durch marktkorrigierende Maßnahmen abzufedern.

Sozialpolitik: mehr Markt als Korrektiv. Bereits Bismarck erkannte, dass ohne Sozialpolitik kein moderner Staat zu machen ist. Sozialpolitik soll Bürgerinnen und Bürger gegen Lebensrisiken absichern und sie vor den Unwägbarkeiten des Arbeitslebens schützen, wie im Fall von Krankheit oder Arbeitslosigkeit. Sozialpolitik ist somit Marktzähmungspolitik. Und sie ist ein Legitimationspfeiler staatlicher Autorität, insofern Bürgerinnen und Bürger vom modernen Staat ein Mindestmaß an sozialer Absicherung erwarten. Anders als der Nationalstaat ist die EU kein Wohlfahrtsstaat. Sie verfügt weder über die Befugnisse noch über die finanziellen Ressourcen, um nationale Wohlfahrtsstaaten zu ersetzen. Sozialpolitik, verstanden als eine Politik der sozialen Absicherung, gehört zu den «wenigen fast intakten Bastionen nationaler Souveränität» (Giandomenico Majone). Das bedeutet jedoch nicht, dass die EU sozialpolitisch gänzlich untätig ist. Europäische Sozialpolitik umfasst, wenn auch in sehr begrenztem Ausmaß, Umverteilungs- und sozialregulative Politik, mit deren Hilfe die gesellschaftlichen Folgen der Marktintegration abgefedert werden sollen. EU-Sozialpolitik ersetzt nationale Sozialstaaten nicht, sondern ergänzt sie und macht sie EU- beziehungsweise marktkompatibel.

Der EWG-Vertrag enthielt bereits eine Reihe von sozialpolitischen Bestimmungen. Neben der sehr allgemeinen Zielsetzung, die Lebens- und Arbeitsbedingungen europäischer Bürgerinnen und Bürger zu verbessern, werden die Mitgliedstaaten dazu aufgefordert, in sozialpolitischen Fragen enger zusammenzuarbeiten. Konkretere Ziele, die im Vertragswerk enthalten sind, verweisen auf die Unterstützung beruflicher und räumlicher Mobilität, die soziale Absicherung von Wanderarbeitnehmerinnen und -arbeitnehmern und die Nichtdiskriminierung zwischen Männern und Frauen bei der Entlohnung. Die Übersetzung dieser Vertragsziele in konkrete sozialpolitische Maßnahmen ließ jedoch sehr lange auf sich warten. Das Einstimmigkeitsprinzip und unterschiedliche Sozialstaatsmodelle gestalteten zwischenstaatliche Kompromisse schwierig, so dass erst mit dem Binnenmarktprogramm die soziale Frage stärker in den Blick genommen wurde. Kommissionspräsident Jacques Delors setzte sich beispielsweise für einen «sozialen Dialog» zwischen den Sozialpartnern auf europäischer Ebene ein, ohne dass diese Initiative jedoch nachhaltig Früchte trug. 1989 unterzeichneten die Mitgliedstaaten, mit Ausnahme des Vereinigten Königreichs, die «Gemeinschaftscharta sozialer Grundrechte der Arbeitnehmer», die allerdings rein deklaratorischer Natur war. Der Vertrag von Maastricht inkorporierte die Ziele der Charta, allerdings nur als Vertragsanhängsel, weil sich wiederum die britische Regierung dagegen wehrte, sozialpolitische Maßnahmen in den Haupttext aufzunehmen. Das «Sozialprotokoll» definierte mehrere sozialpolitische Themenfelder, in denen die EU von nun an gesetzgeberisch aktiv werden konnte, wie beispielsweise bei der Festlegung von Mindeststandards für Arbeitsbedingungen. Ausgestattet mit einem Mandat und der Möglichkeit, Entscheidungsblockaden dort zu umgehen, wo sich die Mitgliedstaaten auf Mehrheitsentscheidungen geeinigt hatten, hauchte die EU-Kommission der Sozialpolitik neues Leben ein. Europaweite Mindeststandards wurden eingeführt, beispielsweise im Arbeits- und Gesundheitsschutz, bei der Ausgestaltung von Arbeitsverträgen oder beim Mutterschutz.

Diese Entwicklungen deuten schon darauf hin, wie eng sozialregulative Politik in der EU mit der Politik der Marktintegration verwoben ist. EU-Sozialpolitik ist in den Bereichen am weitesten entwickelt, die in einem direkten Bezug zur Marktintegration stehen. Sozial-regulative Maßnahmen sollen den gemeinsamen Markt «zähmen», um Arbeitnehmerinnen und Arbeitnehmer beispielsweise vor Diskriminierung oder gesundheitlichen Risiken am Arbeitsplatz zu schützen. Auf Drängen Frankreichs wurde in den EWG-Vertrag in Artikel 119 aufgenommen, dass Männer und Frauen für die gleiche Arbeit gleich entlohnt werden müssen. Dieses Diskriminierungsverbot war allerdings in erster Linie ökonomisch und nicht sozialpolitisch motiviert, da Lohndiskriminierung zwischen Männern und Frauen als Mittel zur Steigerung der Wettbewerbsfähigkeit verhindert werden sollte. Trotz seiner marktschaffenden Intention wurde Artikel 119 von gesellschaftlichen Gruppen, Sozialpartnern, aber auch vom EU-Gerichtshof als sozialpolitische Zielbestimmung aufgefasst, wonach Diskriminierung als Ergebnis von Marktwettbewerb nicht toleriert werden dürfe. Der Gerichtshof der EU spielte in diesem Kontext eine zentrale Rolle, indem er nationale Rechtsakte, die dem Nichtdiskriminierungsgebot zuwiderliefen, für unvereinbar mit EU-Recht erklärte. Der sozialpolitische Druck auf die Staaten wurde damit größer, selbst einen Rechtsrahmen zu schaffen, um Diskriminierung zu bekämpfen. Nachdem im Vertrag von Amsterdam 1999 in Artikel 13 Diskriminierung aufgrund von Geschlecht, Nationalität, ethnischer Herkunft, Religion, Weltanschauung, Alter, Behinderung oder sexueller Orientierung für unzulässig erklärt worden war, verabschiedete die EU auf Initiative der Kommission umfangreiche Richtlinienpakete zur Umsetzung von Antidiskriminierungsmaßnahmen.

Europäische Sozialpolitik ist in gewisser Hinsicht ambivalent: Sie ist einerseits soziales Korrektiv für den Binnenmarkt, andererseits verlangt sie von den Mitgliedstaaten, sich in den Dienst der Marktintegration zu stellen. Durch EU-Gesetzgebung und die Rechtsprechung des EU-Gerichtshofs gerät der Sozialstaat auf nationaler Ebene zunehmend unter den Druck der Marktintegration. Die Entscheidung darüber, wem ein Staat in welchem Umfang Sozialleistungen gewährt, liegt im europäischen Binnenmarkt nicht mehr allein im Ermessen nationaler Sozialpolitik. Aus dem Prinzip der Freizügigkeit lassen sich sozialpolitische Ansprüche wie Arbeitslosen- und Sozialhilfe für EU-Bürgerinnen und EU-Bürger ableiten, die der Gerichtshof der EU in seiner Rechtsprechung mitunter rigoros einfordert. Der Gerichtshof hat mit Verweis auf das Prinzip der Arbeitnehmerfreizügigkeit nationale Mindestlöhne für antastbar erklärt, indem er im EU-Ausland tätigen Unternehmen erlaubt, ihre Belegschaften nach den Bedingungen des Herkunftslandes zu entlohnen. Sozial-regulative Politik erfüllt in der EU somit eine Doppelfunktion. Sie soll als Marktkorrektiv fungieren, andererseits steht sie im Dienst des gemeinsamen Marktes, ist also «mehr Markt als Korrektiv». Dadurch trägt europäische Sozialpolitik paradoxerweise zur Schwächung sozialstaatlicher Institutionen in den Mitgliedstaaten bei, indem sie durch «Politisierung» (siehe Kapitel III) gesellschaftlich ausgehandelte sozialpolitische Kompromisse unter Verweis auf Marktgarantien aufzubrechen droht und Konflikte darüber schürt, wer Anspruch auf wohlfahrtsstaatliche Solidarität hat.

Umweltpolitik: mehr Korrektiv als Markt. Es gibt kaum ein anschaulicheres Beispiel für die Notwendigkeit internationaler Kooperation als die Umweltpolitik. Schadstoffe im Wasser oder in der Luft scheren sich nicht um nationale Grenzen. Die unkontrollierte Ausbeutung von natürlichen Ressourcen, sei es die Abholzung von Wäldern oder die Überfischung von Meeren, führt über kurz oder lang zur Zerstörung natürlicher Lebensgrundlagen. Die Lösung grenzüberschreitender Umweltprobleme ist daher nur möglich, wenn Staaten miteinander kooperieren. Es überrascht auf den ersten Blick, dass Umweltpolitik erst spät, nämlich mit der Verabschiedung der EEA von 1987 eine vertragliche Grundlage bekam. Auf den zweiten Blick wird deutlich, dass sich die Politik der Marktintegration umweltpolitischen Maßnahmen nicht verschließen konnte, zumal die Wiederbelebung des gemeinsamen Marktes in die Zeit der «postmateriellen Wende» fiel. Die graduelle Verschiebung von materiellen hin zu immateriellen Werteeinstellungen verhalf unter anderem Fragen nach dem Erhalt natürlicher Lebensgrundlagen zu gesellschaftlicher und politischer Relevanz.

Wie die Sozialpolitik wähnt sich die Umweltpolitik im Spagat zwischen marktschaffenden und marktkorrigierenden Maßnahmen. National unterschiedliche Umweltstandards stellen ein potenzielles Wettbewerbshindernis dar: Für Exporteure bedeuten sie zusätzliche Kosten, für Konsumentinnen und Konsumenten höhere Preise. Die EU-weite Harmonisierung von Produktionsstandards, wie beispielsweise Regelungen zur Wasser- und Luftreinhaltung, hat daher zum Ziel, Wettbewerbsverzerrungen zu vermeiden. Anders als die Sozialpolitik war die Umweltpolitik bereits in ihrer Frühphase während der siebziger und achtziger Jahre mehr als bloß verlängerter Arm der Marktintegration: Staaten mit ambitionierten Umweltschutzstandards konnten sich häufig gegen Staaten mit niedrigeren Standards durchsetzen und somit das Schutzniveau in der EU insgesamt anheben. Aus Umweltschutzgesichtspunkten war die Tatsache förderlich, dass Staaten mit höheren Schutzstandards meist auch die attraktiveren Exportmärkte vorzuweisen hatten und daher gegenüber Staaten mit niedrigeren Schutzstandards einen Verhandlungsvorteil besaßen.

Die EEA gab der EU-Umweltpolitik in den achtziger Jahren eine vertragliche Grundlage und auch einen neuen Schub. Durch die Einführung von Mehrheitsentscheidungen im Rat und die Stärkung des Einflusses des Europäischen Parlaments hatten es umweltpolitische Blockierer nun erheblich schwerer. In den Folgejahren stieg nicht nur die Gesetzgebungsaktivität der EU im

Umweltbereich stark an, sondern auch das Schutzniveau insgesamt. Waren die neunziger Jahre eine Zeit umweltpolitischer Konsolidierung, wurde die EU zur Jahrtausendwende zunehmend aktiver und entdeckte vor allem auch ihre Rolle als Akteurin in der internationalen Klimaschutzpolitik. Auf internationalem Parkett bemüht sich die EU, die im Inneren beschlossenen Schutzstandards auch auf internationaler Ebene durchzusetzen. Die europäische Umweltpolitik ist – gemessen an ihrer Gesetzesproduktion – durchaus eine Erfolgsgeschichte, und wie kaum eine andere Politik verdeutlicht sie den engen Zusammenhang zwischen Marktintegration und Marktzähmung. Die durch Marktintegration verursachten negativen Folgeerscheinungen (Externalitäten) für Umwelt und Gesundheit gilt es durch europaweite Standards abzufedern. Wie beispielsweise die Initiative der EU-Kommission zur Umsetzung eines «Green New Deal» zeigt, ist die Umweltpolitik auf EU-Ebene ein dynamisches Politikfeld, in dem EU-Institutionen mitunter treibende Kräfte sind.

Warum ist die Entwicklung europaweiter Standards in der Umweltpolitik weiter fortgeschritten als in der Sozialpolitik? Das liegt unter anderem daran, dass bei der sozial-regulativen Politik die Regulierung von *Produktions- und Arbeitsprozessen* im Mittelpunkt steht. Welchen Schutz genießen Arbeiterinnen und Arbeiter am Arbeitsplatz? Welche Regelungen gelten für die Lohnfortzahlung im Krankheitsfall? Welche Kollektivrechte besitzen Arbeitnehmerinnen und Arbeitnehmer gegenüber ihren Arbeitgeberinnen und Arbeitgebern? Europäische Wohlfahrtsstaaten mit ausgeprägten Rechten für Arbeitnehmerinnen und Arbeitnehmern stehen im Wettbewerb mit EU-Staaten, in denen Arbeitnehmerrechte weniger stark entwickelt sind. Da Staaten mit niedrigeren Schutzniveaus nicht auf diesen Wettbewerbsvorteil verzichten möchten und Staaten mit hohen Schutzstandards unter hohem politischem und gesellschaftlichem Druck stehen, diese nicht aufzugeben, sind EU-weite Standards nur schwer zu erzielen. Bei der Umweltpolitik ist die Regulierung von *Produktionsprozessen* ebenfalls konfliktbeladen. Umweltverbände wünschen sich höhere Umweltstandards, beispielsweise bei der Produktion oder Entsorgung, während die Industrie laxere Standards bevorzugt, um Kosten zu sparen. Europäische Umweltpolitik umfasst jedoch neben der *Prozessregulierung* auch *Produktregulierung* (Fritz Scharpf). Bei der Regulierung von Produkten geht es in erster Linie darum, Konsumentinnen und Konsumenten in einem grenzenlosen Binnenmarkt über Produkteigenschaften aufzuklären, deren Sicherheit zu garantieren und für einheitliche Gewährleistungsrechte zu sorgen. Im Unterschied zur Regulierung von Produktionsprozessen profitieren aber alle EU-Staaten von einheitlichen Standards, da diese den grenzüberschreitenden Handel mit Gütern und Dienstleistungen erleichtern.

Ausgabenpolitik als Preis für Vertiefung und Erweiterung

Die EU ist kein dem Nationalstaat vergleichbarer Wohlfahrtsstaat. Sie verfügt weder über die Ressourcen noch über die Befugnisse, sozialstaatliche Transferleistungen bereitzustellen. Es gibt weder eine europäische Arbeitslosen-, Kranken- oder Rentenversicherung noch existiert eine EU-weite Steuerhoheit zur Finanzierung eines europäischen Wohlfahrtssystems. Daher überrascht es auch nicht, dass die EU – gemessen an der Staatsquote – über vergleichsweise geringe Finanzmittel verfügt. Während aktuell im EU-Durchschnitt die Staatsquote – das Verhältnis aller Staatsausgaben zum Bruttoinlandsprodukt – ungefähr 45% beträgt, macht der gesamte EU-Haushalt gerade einmal circa 1% des europäischen Bruttonationaleinkommens aus. 2020 betrug der EU-Haushalt 170 Milliarden Euro. Das liegt unter dem Gesamtvolumen des österreichischen und knapp über dem Volumen des finnischen Staatshaushalts. Der deutsche Bundeshaushalt übersteigt den Umfang des EU-Haushalts um mehr als das Zwanzigfache. Allein diese Zahlen sprechen dafür, dass man die EU gewiss nicht als «Transferunion» bezeichnen kann; zumindest ist sie keine, die in großem Umfang Ressourcen umverteilen und Transferleistungen erbringen kann. Die EU ist primär ein «Regulierungsstaat» (Giandomenico Majone), dessen Kernaufgabe darin liegt, Marktversagen zu verhindern. Wettbewerbspolitische Maßnahmen, Umweltschutzstandards oder Antidiskriminierungsmaßnahmen sind allesamt Spielregeln, die Marktversagen korrigieren sollen. Die Adressaten europäischer Regulierungspolitik sind Staaten, aber auch Unternehmen und Individuen, die ihr Handeln an EU-Vorgaben anpassen müssen. Die Kosten der Regulierungspolitik fallen in erster Linie bei den Adressaten an: bei Unternehmen, die ihre Produktionsprozesse umstellen müssen, und Bürgerinnen und Bürgern, die sich regelkonform zu verhalten haben. Dagegen fallen die Kosten der Ausarbeitung europäischer Regulierungspolitik kaum ins Gewicht: Alles, was es dazu braucht, ist ein Behördenapparat, der die notwendige Expertise besitzt, Marktversagen wirksam zu verhindern. In der EU kommt diese Aufgabe schwerpunktmäßig der EU-Kommission zu, die dabei von mehreren Dutzend EU-Agenturen unterstützt wird (siehe hierzu auch Kapitel II). Ungefähr 60 000 Mitarbeiterinnen und Mitarbeiter umfasst der Behördenapparat der EU. Im Vergleich dazu beschäftigt die Stadt Hamburg ca. 75 000 Mitarbeiterinnen und Mitarbeiter (wobei Städte und Gemeinden ja nur sehr wenige Regeln selbst setzen, sondern vor allem Politik von Land, Bund und EU umsetzen müssen).

Das Gros der Einnahmen der EU, ungefähr 70 %, speist sich aus Beiträgen der EU-Mitgliedstaaten und bemisst sich nach dem Anteil des Bruttonationaleinkommens (BNE) des jeweiligen Mitgliedstaates an der Wirtschaftskraft der EU («BNE-Eigenmittel»). «Traditionelle Eigenmittel», die sich unmittelbar aus der Logik des Binnenmarktes ergeben, machen einen weitaus geringeren Anteil an den Einnahmen aus: Zölle aus Einfuhren in den Binnenmarkt fließen direkt an die EU, ebenso wie ein Teil der Mehrwertsteuereinnahmen («Mehrwertsteuer-Eigenmittel»), deren Bemessungsgrundlage EU-weit harmonisiert ist. Anders als ein Staat darf sich die EU nicht über Schulden finanzieren. Darüber hinaus ist der Haushalt per Beschluss der Regierungen gedeckelt und darf ca. 1,2 % des Bruttonationaleinkommens aller EU-Staaten nicht überschreiten. Ausgenommen davon sind Ausnahmesituationen, wie beispielsweise die Corona-Krise, auf die weiter unten noch eingegangen wird.

Wofür gibt die EU ihre Haushaltsmittel aus? Zwei Posten dominieren die Ausgabenseite: die Landwirtschaftspolitik und die Kohäsionspolitik, die gemeinsam zwischen 70 und 80% des Haushaltsvolumens ausmachen. Die Landwirtschaftspolitik dient zuvorderst der Einkommenssicherung von Agrarbetrieben, die Direktzahlungen aus dem EU-Haushalt beziehen können. In den Frühzeiten der Landwirtschaftspolitik waren die Zahlungen aus dem Landwirtschaftstopf des EU-Haushalts an Produktionsmengen gebunden, für die Landwirtinnen und Landwirte Garantiepreise erhielten. Dieses System schaffte einen Fehlanreiz, der zu Überproduktion führte. Die Folge davon waren Butterberge und Milchseen. Deshalb sind die Direktzahlungen heute produktionsunabhängig und orientieren sich stattdessen an der Fläche landwirtschaftlicher Betriebe. Ein Teil der Zahlungen ist für sogenannte «Greening»-Maßnahmen vorgesehen, womit umweltpolitische Ziele wie beispielsweise die Umwandlung von Acker- in Dauergrünflächen und der Schutz von Kulturlandschaften finanziell gefördert werden.

Der zweite große Haushaltsposten, der im Zeitverlauf mit den Agrarausgaben fast gleichgezogen hat, ist mit einem Haushaltsanteil von ca. einem Drittel die Kohäsionspolitik. Durch sie sollen Projekte gefördert werden, die den wirtschaftlichen, sozialen und territorialen Zusammenhalt innerhalb der EU stärken. Mittel fließen vor allem in Regionen, deren wirtschaftliche Leistungsfähigkeit deutlich unter dem EU-Durchschnitt liegt. Die Kohäsionspolitik setzt sich aus mehreren «Strukturfonds» zusammen, die unterschiedliche Förderschwerpunkte setzen. Der Europäische Sozialfonds (ESF) ist das älteste finanzielle Förderinstrument der Gemeinschaft und konzentriert sich seit 1958 auf Maßnahmen zur Beschäftigungsförderung, beispielsweise durch die Finanzierung von Projekten zur Umschulung und Weiterqualifizierung. Der ESF verkörperte die Erwartungen einiger Gründerstaaten, dass europäische Integration neben der wirtschaftlichen auch eine soziale Dimension bekommen sollte. Insbesondere Länder mit hoher Arbeitslosigkeit insistierten auf der Finanzierung von Beschäftigungs- und Ausbildungsmaßnahmen. Im Zuge von EU-Erweiterungsrunden, etwa der «Süderweiterung» in den achtziger Jahren und der «Osterweiterung» zu Beginn des Millenniums, wuchs die Nachfrage nach Mitteln aus dem ESF. Die Auswirkungen wirtschaftlicher Liberalisierung erforderten eine Neuausrichtung der Arbeitsmärkte und damit verbundene beschäftigungspolitische Maßnahmen. Es überrascht nicht, dass die ökonomisch strukturschwächeren EU-Mitgliedstaaten aus Mittel-, Ost- und Südeuropa höhere Pro-Kopf-Zuweisungen aus dem ESF erhalten als die «älteren» Mitglieder Nord- und Westeuropas. Die Pro-Kopf-Förderung ist in Portugal am höchsten und übertrifft Dänemark, das Land mit dem niedrigsten Wert, um das Zehnfache. Ungarn und die Tschechische Republik haben eine ungefähr dreimal so hohe Pro-Kopf-Förderung wie Deutschland. In Deutschland wiederum entfällt das Gros der ESF-Förderung auf die strukturschwächeren Regionen im Osten des Landes.

Neben dem ESF unterstützt der Europäische Fonds für regionale Entwicklung (EFRE) wirtschaftlich schwächere Mitgliedstaaten und strukturschwache Regionen mit dem Ziel, deren Wettbewerbsfähigkeit zu stärken, wirtschaftliche Strukturen zu modernisieren und grenzüberschreitende wirtschaftliche Kooperationen anzuregen. Weitere Strukturfonds wie der Europäische Landwirtschaftsfonds für die Entwicklung des ländlichen Raums (ELER) und der Europäische Meeres- und Fischereifonds (EMFF) unterstützen schwerpunktmäßig Projekte für eine nachhaltigere Nutzung und Bewirtschaftung natürlicher Ressourcen. Der fünfte Fonds im Bunde ist der Kohäsionsfonds, der im Zuge des Vertrags von Maastricht eingerichtet wurde, um die wirtschaftliche Konvergenz der zukünftigen Mitglieder der Eurozone zu unterstützen. In wirtschaftlich schwächeren südeuropäischen Staaten sollte mittels Investitionen, beispielsweise in größere Infrastrukturprojekte, zusätzliches Wachstumspotenzial entstehen. Heute dient der Kohäsionsfonds vor allem den neuen EU-Mitgliedern aus Mittel- und Osteuropa als Investitionshilfe.

Die europäische Landwirtschafts- und die Kohäsionspolitik sind klassische Umverteilungspolitiken, indem Geldflüsse von reicheren Ländern in ärmere Regionen und Bevölkerungsgruppen gelenkt werden. Seit ihrer Gründung verfolgt die Gemeinschaft das Ziel, wirtschaftliche und soziale Disparitäten zwischen den Mitgliedstaaten abzubauen. Diesem Ziel liegt die Überlegung zugrunde, dass ökonomische Konvergenz und soziale Integration Voraussetzung für einen funktionierenden Markt sind. Umverteilungspolitik steht somit (auch) im Dienst des gemeinsamen Marktes. Warum betreibt die EU aber überhaupt Umverteilungspolitik? Könnte sie sich nicht auf die wesentlich kostengünstigere Regulierungspolitik konzentrieren, um Marktintegration voranzubringen? Warum stützt die EU bestimmte Bevölkerungsgruppen, wie die Landwirtinnen und Landwirte, durch die Bereitstellung hoher Geldsummen? Wieso leistet sich die EU die finanzielle Förderung bestimmter Länder, Regionen und Wirtschaftszweige, die von dieser Förderung zunehmend abhängig sind? Widersprechen diese Maßnahmen nicht dem Markt- oder Wettbewerbsprinzip, das für den EU-Integrationsprozess so grundlegend scheint?

Die Ursprünge der wichtigsten EU-Ausgabenpolitiken sind auf zwei wesentliche Faktoren zurückzuführen. Erstens führten unterschiedliche Wirtschaftsstrukturen und das starke Gefälle bei der wirtschaftlichen Leistungsfähigkeit zu unterschiedlichen Interessenlagen, was Marktliberalisierung und Marktintegration betrifft. Für die französische Regierung war es in der Gründungsphase der EWG undenkbar, den innenpolitisch wichtigen Agrarsektor aus den Verhandlungen über den gemeinsamen Markt auszusparen; Italien setzte sich wiederum aufgrund grassierender Arbeitslosigkeit vehement für sozial- und beschäftigungspolitische Maßnahmen ein; Deutschlands Interessen lagen hingegen stärker bei der Liberalisierung des Handels für Industriegüter. Es bedurfte eines Interessenausgleichs, um mögliche Leidtragende der Marktliberalisierung zu entschädigen, sei es durch Direktzahlungen und den Schutz vor Billigimporten (wie im Fall der Landwirtinnen und Landwirte in Deutschland und Frankreich), sei es durch Maßnahmen und Mittel zur Beschäftigungsförderung (wie im Falle Italiens). In den achtziger Jahren, als das Binnenmarktprogramm infolge der neoliberalen Wende in Deutschland, Frankreich und im Vereinigten Königreich neuen Schwung erhielt, befürchteten die wirtschaftlich schwächeren Staaten Südeuropas (und Irland), wirtschaftlich von den Staaten des Nordens abgehängt zu werden, und knüpften ihre Zustimmung zur EEA an Strukturförderungsmaßnahmen, die wirtschaftliche Disparitäten verringern sollten. Zweitens führten diese unterschiedlichen Interessenlagen dazu, dass aufgrund der Einstimmigkeitserfordernis jeder Mitgliedstaat bei internationalen Vertragsverhandlungen die Möglichkeit hat, eine Einigung per Veto zu blockieren. Sofern ein grundlegender Wille zur Einigung besteht, kommt es zu klassischen Kompensationsgeschäften, bei denen jede Seite der anderen Zugeständnisse macht. Vor diesem Hintergrund sind Umverteilungsmaßnahmen, von denen Agrarbetriebe oder strukturschwache Regionen profitieren, der Preis, den die Gemeinschaft für Marktintegration zu zahlen hat. Verhandlungspolitisch betrachtet sind die europäischen Ausgabenpolitiken und die Marktintegration also zwei Seiten derselben Medaille.

Kritik an europäischer Ausgabenpolitik gibt es zuhauf. Zu ineffizient und zu wenig nachhaltig sei die Landwirtschaftspolitik. Projekte aus Strukturfondsmitteln steigerten nicht – oder nur bedingt – die Wettbewerbsfähigkeit und Wirtschaftskraft schwächerer Regionen. Viel schlimmer noch: EU-Mittel würden häufig veruntreut und stärkten bereits grassierende Korruptionsnetzwerke. Warum werden diese Politiken dann nicht einfach abgeschafft, oder zumindest reformiert und die finanziellen Posten zusammengestrichen? Profiteure europäischer Ausgabenpolitik haben ein starkes Eigeninteresse an deren Erhalt. In der Landwirtschaftspolitik sind es in erster Linie national und europäisch organisierte Agrarverbände, die sich für die Beibehaltung der Direktzahlungen einsetzen. Politische Unterstützung erhalten landwirtschaftliche Interessenverbände häufig aus der EU-Kommission, die bei der Ausgestaltung der EU-Agrarpolitik eine zentrale Position einnimmt, und aus nationalen Landwirtschaftsministerien, die unter dem Einfluss starker nationaler Interessenverbände stehen. Bei der Verteilung der Mittel aus den Strukturfonds und den Kriterien für deren Vergabe entbrennt in regelmäßigen Abständen erbitterter Streit zwischen

EU-Regierungen: Nettozahler versuchen ihre Beiträge zu begrenzen und die Mittelverwendung möglichst effektiv zu kontrollieren; Nettoempfänger wünschen sich höhere Zahlungen bei laxerer Kontrolle. Für Letztere ist die Ausgabenpolitik der EU ein elementarer Baustein für nationale Sozial- und Wirtschaftspolitik, für Erstere der politische Preis für die Vertiefung der Marktintegration.

Die Verteilung der Strukturfondsmittel ist in der jüngsten Vergangenheit wegen Betrugs- und Korruptionsanfälligkeit zunehmend in die Kritik geraten. Länder wie Polen oder Ungarn, die unter populistischen Regierungen sukzessive Rechtsstaatsprinzipien ausgehebelt haben, verwenden EU-Mittel nicht selten für Nepotismus und Klientelismus, beispielsweise indem Regional- und Kommunalpolitiker für ihre politische Loyalität mit EU-Mitteln belohnt werden. Es klingt pervers, doch EU-Strukturpolitik kann von EU-Regierungen dazu instrumentalisiert werden, politische Loyalitäten zu kaufen und Patronage-Netzwerke zu vergrößern und damit demokratische und rechtsstaatliche Prinzipien zu untergraben, die den normativen Kern der EU bilden. Durch die Gründung einer Europäischen Staatsanwaltschaft soll derartigen Praktiken der Garaus gemacht werden. Problematisch dabei ist, dass gerade diejenigen Regierungen, die EU-Gelder zur Festigung autoritären Herrschaftsgebarens missbrauchen, sich der neuen Behörde und ihrer Jurisdiktion verweigern.

Die schleichende Europäisierung der Innenpolitik

Eine EU ohne Kontrollen an den Binnengrenzen ist für jüngere Generationen Normalität. Das änderte sich schlagartig mit dem Zusammenbruch des europäischen Asylsystems im Sommer 2015 und verschärfte sich durch den Ausbruch des Coronavirus 2020 und 2021. Der sprunghafte Anstieg der Zahl von Geflüchteten aus Syrien, Afghanistan und nordafrikanischen Staaten, die in Griechenland und Italien europäischen Boden betraten, überstieg schnell die Kapazitäten der Erstaufnahmestaaten, so dass viele Geflüchtete in Richtung Westen und Norden weiterzogen. Eine Wiederaufnahme von Kontrollen an den EU-Binnengrenzen, im sogenannten Schengen-Raum, war die Folge. Gleichzeitig wurden die Befugnisse der EU ausgeweitet, ihre Außengrenzen besser zu sichern beziehungsweise sie schwerer überwindbar zu machen. Durch eine Intensivierung der Zusammenarbeit nationaler Strafverfolgungs- und Justizbehörden sollte zudem illegale Einwanderung erschwert und Abschiebeverfahren beschleunigt werden.

Einwanderungspolitik, Asylpolitik, Grenzschutz und Verbrechensbekämpfung gehören zu den Tätigkeitsfeldern, die gemeinhin der Innenpolitik von Staaten zugeschlagen werden. Der Staat manifestiert sich in Form seines Herrschaftsmonopols, indem er Grenzen schützt, die Nichteinhaltung von Recht sanktioniert und darüber bestimmt, wer sich unter welchen Bedingungen innerhalb seiner Grenzen aufhalten darf. Der europäische Integrationsprozess hat jedoch zur Folge, dass jeder EU-Mitgliedstaat dieses Monopol nicht mehr gänzlich allein ausüben kann, sondern zumindest teilweise im Konzert mit den anderen Mitgliedstaaten agieren muss. Wie unter einem Brennglas verdeutlichen die Geschehnisse im Sommer 2015, dass es für EU-Mitglieder keine Innenpolitik gibt, die nicht gleichzeitig *europäisierte* Innenpolitik ist. Das Schließen von Grenzen oder das «Durchwinken» von Geflüchteten ist keine rein nationale Angelegenheit. Sie haben nachhaltige Konsequenzen für alle Mitgliedstaaten, zumal ein Markenkern der Marktintegration seit jeher der Abbau und die Auflösung von Grenzen ist. Bereits die Römischen Verträge erklärten die Personenfreizügigkeit – die Freiheit, in einem anderen Land als dem Herkunftsland wohnen und arbeiten zu können – zu einem Grundpfeiler des angestrebten gemeinsamen Marktes: Die Allokation von Waren, Dienstleistungen und Finanzkapital sollte durch Angebot und Nachfrage geregelt werden. Gleiches sollte für (den Produktionsfaktor) Arbeit gelten. Durch die EEA wurde zudem unterstrichen, dass der angestrebte Binnenmarkt ein Raum ohne Grenzen sein sollte, was als Aufforderung an die Mitgliedstaaten zu verstehen war, die EU-Binnengrenzen als physische Barrieren aufzulösen und Grenzkontrollen abzuschaffen. Das Schengener

Abkommen von 1985, benannt nach dem Luxemburger Städtchen im Dreiländereck (Luxemburg, Deutschland, Frankreich), sollte durch die sukzessive Abschaffung von Personenkontrollen zwischen den teilnehmenden Staaten dem Binnenmarktprojekt einen wichtigen Schub geben. Da sich nicht gleich alle EU-Staaten mit dieser Idee anfreunden konnten, wurde das Schengener Abkommen außerhalb der EU-Verträge geschlossen. Von anfangs fünf Mitgliedstaaten (den Benelux-Staaten, Deutschland und Frankreich) ist der Schengen-Raum auf mittlerweile 26 Mitglieder angewachsen, zu denen neben 22 EU-Staaten auch vier Nicht-EU Staaten gehören, die wirtschaftlich eng mit der EU assoziiert sind (Island, Liechtenstein, Norwegen und die Schweiz). Mit dem Vertrag von Amsterdam 1997 wurden die Schengen-Regeln endgültig in EU-Recht überführt. Sie sind seither integraler Bestandteil des Vertrags über die Arbeitsweise der Europäischen Union (AEUV), zusammengefasst unter dem Titel «Raum der Freiheit, der Sicherheit und des Rechts» (RFSR). Der RFSR umfasst eine Vielzahl von Regelungen zu Grenzkontrollen, Asyl und Einwanderung und justizieller Zusammenarbeit in Zivil- und Strafsachen sowie Regelungen zur polizeilichen Zusammenarbeit.

Ausgangspunkt vertiefter Kooperation in innen- und justizpolitischen Fragen ist wiederum die Personenmobilität, die die Verfechter eines grenzenlosen Binnenmarktes realisieren wollten. Mit dem Abbau von Grenzen und der Realisierung uneingeschränkter Personenmobilität erwächst neuer Regelungsbedarf: Welche Vorschriften gelten für die Einreise und den Aufenthalt von Nicht-EU-Bürgerinnen und -Bürgern im Schengen-Raum? Welches Schengen-Land ist für die Durchführung von Asylverfahren zuständig? Folglich mussten Regelungen für gemeinsame Einwanderungs- und Aufenthaltsbestimmungen geschaffen werden, ebenso wie Regeln für die Aufnahme und Durchführung von Asylverfahren. Zudem galt es zu regeln, welche Ausnahmetatbestände eine temporäre Wiedereinführung von Personenkontrollen an den Grenzen rechtfertigen. Die Migrations- und die Corona-Krise haben allerdings verdeutlicht, dass aus einer krisenbedingten Ausnahme schnell ein mobilitätserschwerender

Quasi-Dauerzustand werden kann. Das innereuropäische Mobilitätsversprechen, ein Pfeiler der Marktintegration, hat durch die Krisendekade Schaden genommen. Die bereits weit fortgeschrittene Europäisierung der Innenpolitik hat sich wieder stärker *renationalisiert*.

Die durch Marktintegration avisierten und realisierten Mobilitätserleichterungen haben allerdings auch Konsequenzen, die die Europäisierung der Innenpolitik weiter vorantreiben. Innereuropäische Mobilitätserleichterungen gelten leider auch für Kriminelle und das organisierte Verbrechen. Aus diesem Grund enthält der RFSR neben der Freiheits- eine Sicherheits- und Rechtskomponente. Um grenzüberschreitende Verbrechen effektiv bekämpfen zu können, bedarf es der Zusammenarbeit nationaler Strafverfolgungsbehörden und Justizapparate. Seit dem Inkrafttreten des Schengener Abkommens hat die Europäisierung der Strafverfolgung und Justizpolitiken rasante Sprünge gemacht: Der Austausch von Informationen über Straffällige und Straftaten wurde intensiviert, grenzüberschreitende Polizeimissionen wurden ermöglicht, gemeinsame Schulungs- und Ausbildungsmaßnahmen für grenzüberschreitende Strafverfolgung institutionalisiert und EU-weite Rechtsmittel, wie der europäische Haftbefehl, ins Leben gerufen. Zudem werden nationale Behörden bei der Zusammenarbeit von einer Vielzahl neuer EU-Behörden unterstützt, von denen das Europäische Polizeiamt (Europol) die bekannteste ist.

Mit dem sukzessiven Wegfall stationärer Binnengrenzen gerät gleichsam der Schutz der EU-Außengrenzen in den Fokus, denn das Treiben von Schleuserbanden und illegale Grenzüberschreitungen werden in einem Raum ohne Binnengrenzen von einem nationalen zu einem europäischen Problem. Aus diesem Grund hat die EU 2004 die Grenzschutzagentur Frontex gegründet, deren Mandat und Ausstattung im Zuge der Migrationskrise stark erweitert wurde. In den Anfangsjahren hat Frontex nationale Behörden primär dabei unterstützt, ihre operative Zusammenarbeit zu koordinieren und gemeinsame Ausbildungsnormen für nationale Grenzschützerinnen und Grenzschützer zu entwickeln. Durch die Migrationskrise wurde 2018 eine grundlegende

Reform des Frontex-Statuts vorgenommen. Eine Einsatztruppe, die 10 000 Grenzschutzkräfte umfasst, soll aufgebaut, Schiffe, Hubschrauber und Drohnen sollen angeschafft werden. Frontex ist in den vergangenen Jahren immer wieder in die Kritik geraten. Für liberale Kritikerinnen und Kritiker steht Frontex sinnbildlich für eine Bankrotterklärung an den Rechtsstaat, da es der EU und ihren Mitgliedstaaten nicht gelingt, legale Zugangswege in die EU zu schaffen und faire Schutzverfahren zu etablieren. Darüber hinaus sieht sich Frontex regelmäßig Vorwürfen ausgesetzt, bei Missionen Menschenrechtsverletzungen begangen (Abdrängen von Flüchtlingsbooten) oder geduldet zu haben (Misshandlungen durch nationales Grenzschutzpersonal).

Von der Personenmobilität, die den Binnenmarkt vorantreiben soll, zur Europäisierung nationaler Innen- und Justizpolitiken bis hin zu einem EU-weiten Außengrenzschutz ist es folglich kein allzu weiter Weg. Die Intensivierung der Kooperation im Rahmen des RFSR liegt zum einen in der sachlogischen Verknüpfung von Freiheit und Sicherheit begründet: Binnenmobilität schafft neben einem Mehr an Freiheit auch grenzüberschreitende Sicherheitsrisiken, die es zu kontrollieren gilt. Zum anderen haben unterschiedliche Krisenepisoden, wie die Terroranschläge von Madrid, London oder Paris, dazu beigetragen, dass sich die Zusammenarbeit im Rahmen des RSFR in relativ kurzer Zeit intensiviert hat.

Neben der engen Verknüpfung von Marktintegration und deren «Versicherheitlichung» deutet der Prozess der Politikexpansion eine weitere interessante Facette des EU-Integrationsprozesses an: Politische Auseinandersetzungen, beispielsweise über die Ausgestaltung von Asylbestimmungen und Visumsregeln oder temporäre Grenzkontrollen werden aus politischen Hinterzimmern in die Öffentlichkeit verlagert und zum Gegenstand politischer Kontroversen. Kaum ein Thema hat 2015 und 2016 die öffentliche Debatte in Deutschland und den meisten EU-Staaten derart beherrscht wie die Migrationskrise und die damit verbundenen Fragen nach nationalen Grenzöffnungen und -schließungen, der Aufnahme, Verteilung oder Umverteilung von

Geflüchteten innerhalb der EU, der humanitären Verantwortung der EU oder auch der Stärkung der EU-Außengrenzen. Konflikte in diesen Fragen waren einerseits ein Spaltpilz für etablierte Parteien, andererseits verhalfen sie europaskeptischen und nationalistisch-populistischen Parteien zu Zugewinnen an den Wahlurnen. Was mit der Abschaffung stationärer Binnengrenzen als Teil eines wirtschaftlichen Projekts – der Vollendung des Binnenmarkts – begann, zog eine Entwicklung nach sich, die an bestehenden Identitäts- und Souveränitätsvorstellungen rüttelte und sich einer technokratischen oder regulatorischen Problemlösungslogik entzog. Der Streit über die Einwanderungspolitik und die damit verknüpfte Debatte über die Bedeutung von Souveränität und Identität war ebenso ein Spaltpilz in der Debatte über den Brexit im Vereinigten Königreich. Mit Blick auf die durch die Migrationskrise überfällig gewordene Reform der EU-Asylpolitik drohten die Visegrád-Staaten unverhohlen damit, EU-Recht zu brechen (was sie dann auch taten), wenn es zu einer verpflichtenden Umverteilung von Geflüchteten kommen würde. Ihnen ging es schließlich um nichts Geringeres als um die Rettung des christlichen Abendlandes und den Schutz der eigenen Nation vor der angeblichen Dekadenz multikultureller Gesellschaften des Westens, so die Begründung des ungarischen Ministerpräsidenten Victor Orbán.

Nationale Innenpolitik hat sich europäisiert, weil sich die Problemlagen europäisiert haben. Die Europäisierung der Innenpolitik hat gerade in Krisensituationen zu massiven politischen Konflikten geführt, die die Zukunft der EU gefährden. Wie in Kapitel III noch gezeigt wird, haben insbesondere europaskeptische und nationalistisch-populistische Kräfte von dieser Entwicklung profitiert. Sie versuchen seither, den EU-Integrationsprozess verstärkt in die Mangel zu nehmen.

Die unterschiedlichen Facetten der EU-Außenpolitik

Die EU verfügt zwar über kein Außenminister-Amt, aber über das Amt des Außenbeauftragten (offiziell den Hohen Vertreter der Union für Außen- und Sicherheitspolitik). Damit wird signalisiert, dass sich die EU als außenpolitische Akteurin wahrnimmt. Ihr außenpolitisches Auftreten ist tatsächlich sehr facettenreich: Außenwirtschafts- und Handelspolitik, Außenumweltpolitik, Sicherheits- und Verteidigungspolitik folgen unterschiedlichen Logiken und Prinzipien. So sind sich viele einig, dass die EU eine formidable «Marktmacht» ist, im sicherheitspolitischen Bereich aber vergleichsweise selten mit einer Stimme spricht und tendenziell im Kernschatten der NATO steht.

EU-Außenhandelspolitik im Zeichen von Marktmacht. Bereits die Römischen Verträge definierten einen Stufenplan zur Entwicklung einer Zollunion. Die Festsetzung eines gemeinsamen Außenzolls ist das Einfallstor einer Außenhandelspolitik, die zwischen den Mitgliedstaaten abgestimmt werden muss. Ein einheitlicher Außenzoll verhindert einerseits Billigimporte, wodurch beispielsweise innereuropäische Betriebe und Sektoren vor Importkonkurrenz geschützt werden können; andererseits ist ein Außenzoll auch ein außenpolitisches Instrument, das der EU in Verhandlungen mit Drittstaaten oder Handelsblöcken Gewicht verleiht. Das konnte die Gemeinschaft bereits in den sechziger Jahren austesten, als sie in den internationalen Verhandlungen zur sogenannten «Kennedy-Runde» im Rahmen des Allgemeinen Zoll- und Handelsabkommens (GATT) eine eigene Außenhandelspolitik entwickeln und einheitliche Zölle festlegen musste. Die Kommission bekam daher von den Mitgliedstaaten das Mandat erteilt, Verhandlungen mit Drittstaaten und internationalen Organisationen über Handelserleichterungen zu führen. Die Außenhandelspolitik ist somit eine der wenigen *ausschließlichen* Befugnisse der EU.

Mit dem Binnenmarktprogramm erfuhr die Marktintegration durch das Zusammenspiel von Liberalisierung und Regulierung einen massiven Schub, was der EU auf internationalem

Parkett völlig neues Gewicht verlieh. Ökonomisch gesehen ist die EU eine von drei wirtschaftlichen Großmächten: Kaufkraftbereinigt ist der Anteil der EU am globalen Bruttoinlandsprodukt etwa so hoch wie derjenige der USA oder Chinas. Wie erlangte die EU diese «Marktmacht»? Das Handelsvolumen des europäischen Binnenmarktes macht den Marktzugang für Drittstaaten enorm attraktiv. Dadurch rückt die EU in eine starke Verhandlungsposition. Sie kann beispielsweise den Marktzugang für Importe an die Einhaltung regulatorischer Standards im Umwelt-, Arbeits- oder Verbraucherschutz knüpfen. Je größer der Binnenmarkt und je attraktiver der Marktzugang für Dritte, desto eher ist die EU in der Lage, von anderen Staaten zu verlangen, sich an die in der EU vorherrschenden Standards anzupassen. So hat die EU beispielsweise ihre überlegene Marktmacht in Verhandlungen zu Freihandelsabkommen mit Drittstaaten wie Japan, Mexiko oder Südkorea erfolgreich für ihre Ziele einsetzen können.

In jüngster Zeit ist die Effektivität, mit der die EU ihre Marktmacht einsetzen kann, allerdings auch in Frage gestellt worden. Sogenannte «umfassende» Handelsabkommen wie das unterzeichnete Wirtschafts- und Handelsabkommen mit Kanada (CETA) oder das unter dem ehemaligen US-Präsidenten Trump aufgeschobene Handels- und Investitionsabkommen mit den USA (TTIP) gehen weit über Zollfragen hinaus. Nicht-tarifäre Handelshemmnisse, wie beispielsweise unterschiedliche Regulierungsniveaus beim Umwelt-, Verbraucher- und Gesundheitsschutz, sind zunehmend Gegenstand von Verhandlungen, ebenso wie Maßnahmen zum Schutz von handelsrelevanten Investitionen. In einigen Mitgliedstaaten wie Deutschland und Frankreich haben Nichtregierungsorganisationen, Parteien und breite Teile der Öffentlichkeit diese «umfassenden» Abkommen scharf kritisiert, unter anderem aus Sorge davor, dass regulatorische Errungenschaften im Zuge der Verhandlungen aufgeweicht werden könnten. Der innereuropäische Dissens in diesen Fragen hat der Kommission bei den CETA-Verhandlungen das Leben schwer gemacht, weil sich die Mitgliedstaaten nur schleppend auf eine Linie einigen konnten. Hinzu kommt, dass umfassende Handelsabkommen in föderal organisierten EU-Mitgliedstaaten teilweise von regionalen Gebietskörperschaften ratifiziert werden müssen. Im Falle von CETA sorgte die Regionalregierung von Wallonien europaweit für Aufsehen, weil sie das ausgehandelte Paket durch ihr Veto platzen zu lassen drohte. Letzten Endes hat der Zwist innerhalb der EU über CETA die europäische Verhandlungsposition aber sogar gestärkt: Die EU-Kommission konnte ihrem kanadischen Gegenüber glaubhaft machen, dass ihr die Hände gebunden waren. In ihrer Außenhandelspolitik profitiert die EU folglich vom «Paradox der Schwäche». Durch die langwierigen EU-internen Aushandlungsprozesse, mit denen unterschiedliche Interessen austariert werden, verfügt die Kommission nur über geringe Verhandlungsspielräume mit Drittstaaten. Doch aufgrund der hohen Attraktivität des europäischen Binnenmarkts stärkt der geringe Verhandlungsspielraum der Kommission ihre Verhandlungsmacht, nach dem Motto: «Wir können nicht auf euch zugehen, also müsst ihr auf uns zukommen.»

EU-Außen- und Sicherheitspolitik im Schatten der NATO. Es gibt kaum einen Bereich europäischer Politik, bei dem die Erwartungen darüber, was die EU leisten soll, und die Realität europäischer Integration so weit auseinanderklaffen wie in der EU-Außen- und Sicherheitspolitik. Ob Kriege im ehemaligen Jugoslawien, im Irak, Konflikte in Libyen, Syrien oder mit Russland über die Ostukraine – jede sicherheitspolitische Krise führt mit verlässlicher Regelmäßigkeit zur Forderung, die EU müsse als sicherheitspolitische Akteurin mehr Gewicht in die Waagschale legen, bestimmter auftreten und endlich mit einer Stimme sprechen. Gemessen an diesen Erwartungen scheitert die EU in aller Regelmäßigkeit. Zu vielschichtig sind die nationalen Sicherheitsinteressen und zu schwach die Entscheidungsbefugnisse der EU. Während im Laufe der Jahrzehnte die Mitgliedstaaten Entscheidungsbefugnisse auf die EU-Ebene übertragen haben, um Integration im Bereich des Binnenmarkts, der sozial-regulativen Politik und sogar in der Innen- und Justizpolitik zu forcieren, klammern sich die EU-Mitgliedstaaten in der Sicherheits- und Verteidigungspolitik an das Prinzip der Einstimmigkeit. Die Integrationsgeschichte der EU-Außen- und Sicherheitspolitik ist eine Geschichte enttäuschter Erwartungen, aber auch eine Geschichte falscher Hoffnungen.

Mit der sich anbahnenden Blockkonfrontation stellten die US-Alliierten die Wiederbewaffnung der Bundesrepublik in Aussicht, was vor allem in Frankreich die Alarmglocken schrillen ließ. Der französische Premierminister René Pleven schlug daraufhin die Schaffung einer Europäischen Verteidigungsgemeinschaft (EVG) vor, die als eine Erweiterung des Schuman-Plans gedacht war. Bestehende Sicherheitsbedenken gegenüber der Bundesrepublik sollten durch die Integration westdeutscher Streitkräfte in eine gemeinsame europäische Armee unter supranationaler Führung abgemildert werden. Der Vertrag über die EVG wurde bereits 1952 von allen sechs EGKS-Mitgliedsregierungen unterzeichnet, fand aber im August 1954 in der französischen Nationalversammlung nicht die nötige Mehrheit, um ratifiziert zu werden. Auch ohne eine europäische Armee konnten die ehemaligen Kriegsaggressoren Deutschland und Italien sicherheitspolitisch eng an den Westen gebunden werden. Die Bundesrepublik Deutschland und Italien wurden 1954 Mitglieder der Westeuropäischen Union (WEU), die aus dem Brüsseler Pakt – einem militärischen Beistandspakt, der einst von Frankreich, dem Vereinigten Königreich und den Beneluxstaaten gegründet worden war – hervorging. Da die WEU alle Aspekte militärischer Planung und Organisation dem transatlantischen Verteidigungsbündnis, der NATO, übertrug, wurde die Bundesrepublik durch die Hintertür ins transatlantische Bündnis integriert, bevor sie 1955 selbst NATO-Mitglied wurde. Damit war die Diskussion über ein von den USA unabhängiges, (west-)europäisches Verteidigungsbündnis mit eigenen militärischen Kapazitäten – gar einer europäischen Armee – vom Tisch. Versuche der französischen Regierung unter Staatspräsident Charles de Gaulle in den sechziger Jahren, die Staaten der EWG als dritte geopolitische Kraft zwischen den USA und der Sowjetunion zu platzieren, waren zum Scheitern verurteilt, da alle anderen Mitgliedstaaten weder dazu bereit waren, sich von der NATO zu lösen, noch eine sicherheitspolitische Vorherrschaft der Atommacht Frankreichs in Westeuropa anerkennen wollten. Erst mit dem Ende des Kalten Krieges und der Deutschen Einheit geriet die europäische Sicherheitspolitik wieder ernsthaft in den Fokus der Mitgliedstaaten. Der französische Staatspräsident Mitterrand und der deutsche Bundeskanzler Kohl waren davon überzeugt, dass europäische Integration, wenn sie sich ausschließlich über Marktintegration definiert, unvollständig und unvollendet bleiben muss. Das Fernziel einer «Politischen Union» fand im Vertrag von Maastricht in den Artikeln zur Gemeinsamen Außen- und Sicherheitspolitik seinen Niederschlag. In der Folgezeit intensivierte sich die Zusammenarbeit der EU-Mitgliedstaaten bei der Koordination in sicherheits- und verteidigungspolitischen Fragen. Ein eigens dafür geschaffener Apparat an Gremien und Institutionen führte zu einer schrittweisen Institutionalisierung dieser Koordinationsbemühungen. Die Schaffung des Amts des Hohen Vertreters für die Gemeinsame Außen- und Sicherheitspolitik sollte der EU außenpolitisch ein Gesicht geben und für Kontinuität sorgen. Im Zuge der Konflikte im ehemaligen Jugoslawien wurden innerhalb der EU diejenigen Stimmen lauter, die von der EU im militärischen Bereich mehr Handlungsbereitschaft einforderten, zumal die USA und die NATO nicht immer die gleichen sicherheitspolitischen Prioritäten setzten.

Der Aufbau militärischer Kapazitäten steht seit der Jahrtausendwende im Mittelpunkt europäischer sicherheitspolitischer Bestrebungen. Im Bereich des zivilen und militärischen Krisenmanagements hat die EU ihren Absichten Taten folgen lassen. Seit 2003 führt die EU unter eigener Regie Missionen zur Krisenbewältigung und Krisenprävention durch. Zivile Missionen unterstützen krisengeschüttelte Staaten dabei, rechtsstaatliche Strukturen zu schaffen, Korruption effektiv zu bekämpfen oder auch die eigenen Grenzen zu schützen, um grenzüberschreitende Kriminalität und Menschenhandel zu unterbinden. Militärische Missionen dienen in erster Linie der Friedenssicherung und der Unterstützung humanitärer Maßnahmen in Krisengebieten, wie beispielsweise im Kongo und Tschad, aber auch in Bosnien und Herzegowina oder in Mazedonien. Zur Durchführung dieser Missionen greift die EU bisher auf nationale Streitkräfte zurück. Das 1999 von den Mitgliedstaaten formulierte Ziel, eine 50 000 bis 60 000 Personen starke «Eingreiftruppe» auszuheben, stellte sich schnell als zu ambitioniert heraus. Stattdessen einigten sich die Mitgliedstaaten darauf, sogenannte «EU Battlegroups» einzurichten, kleinere Kampfverbände, um umgehend auf militärische Krisen reagieren zu können. Ihre Dienste wurden trotz Einsatzbereitschaft bis heute nicht in Anspruch genommen.

Die Präsidentschaft Donald Trumps und der Brexit haben europäischen Bemühungen, sicherheits- und verteidigungspolitisch unabhängiger von der NATO agieren zu können, zweifelsohne Vorschub geleistet. 2017 wurde die «Ständige Strukturierte Zusammenarbeit» eingeläutet, die es besonders engagierten EU-Mitgliedstaaten ermöglichen soll, in verteidigungspolitischen Fragen enger zu kooperieren, ohne dabei von anderen Staaten ausgebremst zu werden. Hierzu zählen beispielsweise gemeinsame Rüstungsprojekte, militärische Trainingsprogramme oder Arbeitsteilung im Wehrbereich. Diese Entwicklungen dürfen allerdings nicht darüber hinwegtäuschen, dass die EU in sicherheitspolitischen Krisensituationen nach wie vor im Schatten der NATO steht und daher meist nur eine Nebenrolle einnimmt. Je weiter einzelne Zuständigkeiten der EU von der Anziehungskraft der Marktintegration entfernt sind, desto schwächer ist auch die Europäisierung dieser Politikfelder. Die Sicherheits- und Verteidigungspolitik ist ein eindrückliches Beispiel hierfür.

II. Tagesgeschäft und Meilensteine: Wie die EU entscheidet

Das Binnenmarktprogramm, die Einführung des Euro, der Beschluss über die Osterweiterung, die Entscheidung für den Europäischen Stabilitätsmechanismus im Zuge der Eurokrise oder die Corona-Wiederaufbauhilfen: Bei diesen Meilensteinen des EU-Integrationsprozesses stehen die Staats- und Regierungsoberhäupter der EU-Mitgliedstaaten im Rampenlicht. Solche weitreichenden Entscheidungen müssen von den Regierungen der Mitgliedstaaten einstimmig beschlossen werden und häufig bedürfen sie zudem einer neuen Vertragsgrundlage. Ihnen ist mediale Aufmerksamkeit garantiert. Mitunter geraten jedoch auch einzelne EU-Rechtsakte und die sich daraus ergebenden Folgen ins öffentliche Interesse, wie beispielsweise die Datenschutzgrundverordnung von 2018, die den Schutz personenbezogener Daten in der EU regelt; oder die EU-Urheberrechtsreform von 2019, der Massenproteste gegen Einschränkungen der Freiheit im Internet vorausgingen; zu nennen wären auch die aufmerksamkeitserregenden Dieselfahrverbote in einigen deutschen Großstädten, die auf eine EU-Richtlinie aus dem Jahr 2008 (und erfolgreiche Klageaktivität der Umwelthilfe) zurückzuführen sind. Monat für Monat, Jahr für Jahr werden in Brüssel Gesetze verabschiedet, von denen Öffentlichkeit und Medien allerdings nur wenig Notiz nehmen. Dieses gesetzgeberische Tagesgeschäft ist dennoch von enormer Bedeutung, da EU-Rechtsakte jeden denkbaren Politikbereich tangieren und somit unsere Lebenswirklichkeit beeinflussen. Umso wichtiger ist es daher zu verstehen, wie EU-Politik zustande kommt. Wer nimmt auf EU-Entscheidungen Einfluss? Wer ist für Entscheidungen verantwortlich? Wer setzt sie um?

Eine wesentliche Unterscheidung zum besseren Verständnis der politischen Entscheidungsfindung in der EU ist die zwischen EU-Primärrecht und EU-Sekundärrecht. EU-*Primärrecht* ist Vertragsrecht und somit das ranghöchste Recht innerhalb der EU. Grundlage für das Primärrecht sind die europäischen Verträge, die zuletzt durch den Vertrag von Lissabon (2009) modifiziert wurden. Der Vertrag über die Arbeitsweise der Europäischen Union (AEUV) und der Vertrag über die Europäische Union (EUV) sind rechtlich gesehen gleichrangig und bilden daher eine funktionale Einheit. Der *Vertrag über die Europäische Union* (EUV) beinhaltet Bestimmungen zu den Grundwerten (u. a. Demokratie, Rechtsstaatlichkeit, Menschenrechte), den Zielen der Staatengemeinschaft (u. a. Sicherung von Frieden, Sicherheit, politische und wirtschaftliche Freiheiten) und Grundprinzipien wie beispielsweise Subsidiarität, wonach die EU nur dann tätig werden darf, wenn die verfolgten Ziele nicht auf nationaler Ebene erreicht werden können. Darüber hinaus definiert der EUV den institutionellen Aufbau der EU. Die EU-Grundrechtecharta ist zwar nicht direkter Bestandteil des Vertrags, der EUV verweist aber auf sie, womit ihr rechtsverbindlicher Charakter anerkannt wird. Der *Vertrag über die Arbeitsweise der Europäischen Union* (AEUV) hingegen enthält detaillierte Ausführungen darüber, welche Zuständigkeiten die EU besitzt, und zahlreiche Bestimmungen darüber, wie diese Zuständigkeiten zwischen der EU und den Mitgliedstaaten aufgeteilt sind und wie Entscheidungen zustande kommen.

Der Versuch, EU-Primärrecht in einem einzigen «Verfassungsvertrag» zusammenzuführen, ist 2005 aufgrund negativer Referenden in Frankreich und den Niederlanden gescheitert. Dennoch hat EU-Primärrecht durchaus Verfassungscharakter. Die vertraglichen Grundlagen der EU enthalten – analog zu staatlichen Verfassungen – grundlegende Rechtsvorschriften, in denen die Aufgaben, die Organisation und die Ausübung politischer Herrschaftsgewalt geregelt sind. Hinzu kommt die Auflistung der Grundwerte der Gemeinschaft, zu denen Demokratie, Gleichheit, Rechtstaatlichkeit sowie die Achtung der Menschenrechte gehören (Art. 2 EUV). Alle politischen Beschlüsse, die EU-Primärrecht neu schaffen oder modifizieren, müssen von den Mitgliedstaaten einstimmig getroffen und in jedem Mitgliedstaat ratifiziert werden. Alle Vertragsergänzungen und -änderungen seit der Gründung der Gemeinschaft sind hiervon betroffen.

Das Primärrecht bildet, wiederum analog zu staatlichem Verfassungsrecht, den rechtlichen Rahmen für das Zustandekommen und die Umsetzung von EU-Politik, dem sogenannten *Sekundärrecht*. Damit die EU ihre Zuständigkeiten ausüben kann, muss sie – wie jedes andere politische System auch – Gesetze erlassen, wobei zwei Arten von Gesetzen von zentraler gestalterischer Bedeutung sind: *Verordnungen* sind unmittelbar und in jedem Mitgliedstaat gültig und verbindlich. Sie müssen nicht

II. Tagesgeschäft und Meilensteine: Wie die EU entscheidet

EU-Kommission	Ministerrat & EP	EU-Kommission,
(Gesetzinitiativen);	(Verabschiedung von	nationale Behörden,
Europäischer Rat	Sekundärrecht);	Verwaltungsnetzwerke
(Impulsgeber,	Europäischer Rat	(Umsetzung von Rechtsakten);
Krisenmanager)	(u. a. Änderung von	EU-Gerichtshof
	Primärrecht)	(Rechtsdurchsetzung)

Abb. 1: Der EU-Politikprozess

durch nationale Gesetzgebung in nationales Recht überführt werden. Im Unterschied dazu geben *Richtlinien* verbindliche Ziele vor, und die Mitgliedstaaten können bei der Umsetzung in nationales Recht die dafür notwendigen Maßnahmen selbst festlegen. Das Zustandekommen von Verordnungen und Richtlinien folgt keinem einheitlichen Schema. Je nach Zuständigkeitsbereich unterscheiden sich die Rechtsetzungsverfahren und damit die Einflussmöglichkeiten der EU-Organe. EU-Entscheidungsprozesse, die Verordnungen oder Richtlinien hervorbringen, lassen sich jedoch vereinfachend beschreiben, wenn wir sie als unterschiedliche Schritte eines *Politikprozesses* begreifen (siehe Abbildung 1). Im Folgenden werden jeder Schritt und die jeweils maßgeblichen Akteure vorgestellt.

Politische Problemformulierung: Die Impulsgeber

Bevor es zu einer Vertragsreform oder zu einem Gesetz kommt, muss ein politisches Problem erst einmal als solches identifiziert werden und es auf die politische Tagesordnung schaffen. Das mag in Krisenzeiten fast banal erscheinen – in der Euro-, Migrations- oder Corona-Krise ist der Problemdruck förmlich mit Händen zu greifen. Rettungspakete müssen geschnürt werden, um Staatsbankrotte abzuwenden; Geflüchtete müssen registriert, untergebracht und nicht selten gerettet werden; Impfstoff muss beschafft und verteilt werden, um die Corona-Pandemie einzudämmen. Akuter Problemdruck, mediale Aufmerksamkeit, die Mobilisierung organisierter Interessen und der Öffentlichkeit beeinflussen die politische Tagesordnung der EU. Das von der EU-Kommissionspräsidentin Ursula von der Leyen 2019 vorgestellte Maßnahmenpaket zum «European Green New Deal» hätte ohne die *Fridays for Future*-Bewegung und die Virulenz der Klimaschutzthematik in der Öffentlichkeit wohl länger auf sich warten lassen. Andere Forderungen schaffen es (noch) nicht auf die Tagesordnung der EU-Politik, weil sie keine ausreichende Unterstützung in der Öffentlichkeit oder durch politische Interessenvertreterinnen und -vertreter erfahren, wie beispielsweise die Forderung nach einer ökologischen Mehrwertsteuerreform. Wiederum andere Vorhaben, wie die Einführung einer Ampel-Kennzeichnung für Lebensmittel («Nutri-Score»), finden aufgrund breiter Unterstützung in der Bevölkerung, durch Nichtregierungsorganisationen und Parteien zwar den Weg auf die politische Tagesordnung, werden dort aber dilatorisch behandelt, weil gegenläufige Interessen, im vorliegenden Fall etwa die Lebensmittelindustrie und industriefreundliche Entscheidungsträgerinnen und -träger in EU-Institutionen, einen Politikwechsel ablehnen und blockieren. Eine wichtige Türhüter-Funktion in EU-Entscheidungsprozessen kommt zwei EU-Organen zu, dem Europäischen Rat sowie der EU-Kommission. Während die Kommission im politischen Alltagsgeschäft über das *Initiativmonopol* für die EU-Gesetzgebung verfügt, bestimmt der Europäische Rat die *Leitlinien* europäischer Politik. Er initiiert Reformen des Primärrechts und beruft hierzu Regierungskonferenzen ein, er ist oberster Krisenmanager und definiert politische Strategien, die die Kommission dann in Sekundärrechtsvorschläge übersetzt.

Die Europäische Kommission. Insofern die EU in einem bestimmten Problemfeld entscheidungsbefugt ist, kommt der *Kommission* die zentrale Rolle bei der Initiierung von Gesetzesvorhaben zu. Gemäß Artikel 17, Absatz 2 EUV besitzt die Kommission das alleinige *Initiativrecht*: Sämtliche Gesetzesvorhaben für Verordnungen oder Richtlinien arbeitet die Kommission aus und leitet diese zur Entscheidung an das Europäische Parlament und den Ministerrat weiter. Die hervorgehobene Stellung der Kommission bei der politischen Problembestimmung und der Ausarbeitung von Gesetzesvorlagen mag auf den ersten Blick verblüffend erscheinen, denn ihr Initiativmonopol widerspricht der landläufigen Vorstellung von der Funktionsweise einer repräsentativen Demokratie. In der EU können Gesetzesinitiativen nicht von den direkt gewählten Repräsentantinnen und Repräsentanten im Europäischen Parlament eingebracht werden (auch wenn sie die Kommission dazu auffordern können). Stattdessen liegt das Initiativmonopol bei Expertinnen und Experten, die nicht durch direkte Wahlen legitimiert sind. Es verwundert also nicht, wenn vielerorts das «Demokratiedefizit» der EU angeprangert wird. Diese mangelnde demokratische Legitimation ist jedoch von den Gründungsmitgliedern der Gemeinschaft gewollt und vertraglich verankert. Die Kommission ist, in der Tat, kein Repräsentativorgan, das den Willen der Bevölkerungen der EU-Staaten widerspiegeln oder sich an nationalen Interessen orientieren soll. Die Kommission ist einzig und allein den «allgemeinen Interessen der Union» (Artikel 17, Absatz 1 EUV) verpflichtet und «übt ihre Tätigkeiten in voller Unabhängigkeit aus» (Artikel 17, Absatz 3 EUV). Sie ist explizit nicht an Weisungen der Regierungen gebunden, sondern fungiert quasi als Treuhänderin eines europäischen Interesses. Folglich bedarf es zur Einsetzung der Kommission der Einigung einer breiten Akteurskoalition: Sowohl die Regierungen der Mitgliedstaaten als auch das Europäische Parlament müssen der Einsetzung der Kommission zustimmen (siehe hierzu weiter unten). Auch das Verfahren zur Abberufung der Kommission unterstreicht die intendierte Unabhängigkeit der Kommission von den Regierungen der Mitgliedstaaten. Nur das Europäische Parlament kann gemäß Artikel 234 AEUV der Kommission das Misstrauen aussprechen und sie zum Rücktritt zwingen, wofür es allerdings einer Zweidrittelmehrheit der abgegebenen Stimmen im Parlament bedarf. Um die Sonderstellung der EU-Kommission im EU-Institutionengefüge zu verstehen, ist ein Blick in die Entstehungsgeschichte hilfreich.

Das Vorläuferorgan der Kommission, die Hohe Behörde der

EGKS, wurde vom politischen Architekten der EGKS, dem Franzosen Jean Monnet, bewusst als überstaatlich (*supranational*) konzipiert, um einerseits zu verhindern, dass das Integrationsprojekt durch nationale Interessen und Blockaden verwässert wird, und andererseits sicherzustellen, dass die mächtigeren Staaten die schwächeren nicht dominieren. Die Unabhängigkeit der Kommission und die ihr zuerkannten Entscheidungsbefugnisse verliehen dem Integrationsprojekt ein besonders hohes Maß an Glaubwürdigkeit, da sich alle Mitgliedstaaten relativ sicher sein konnten, dass keiner das Integrationsprojekt allein blockieren oder kapern können würde. Vor dem Hintergrund der Weltkriegserfahrung war der wechselseitige Souveränitätsverzicht der ehemaligen Kriegsgegner Deutschland und Frankreich, der durch die überstaatliche Hohe Behörde verkörpert wurde, ein politischer Geniestreich. Er nahm Frankreich die Sorge vor Deutschland, indem sich Deutschland an Frankreich band, und umgekehrt wurde Deutschland als gleichberechtigtes Mitglied in die Staatenfamilie aufgenommen.

Durch ihre Sonderstellung macht sich die Kommission bei manchen Regierungen jedoch von Zeit zu Zeit unbeliebt. In den sechziger Jahren stieß sie unter dem damaligen deutschen Kommissionspräsidenten Walter Hallstein Frankreichs Staatspräsidenten Charles de Gaulle vor den Kopf, indem sie die Haushaltsbefugnisse der Gemeinschaft ausweiten wollte. Die Konsequenz war die «Politik des leeren Stuhls» – eine mehrmonatige Sabotage der Entscheidungsprozesse durch die französische Regierung –, die erst mit dem «Luxemburger Kompromiss» überwunden werden konnte. Das politische «Standing» der Kommission war jedoch angekratzt. Bei aller vertraglich proklamierten Unabhängigkeit der Kommission wünschen sich die Regierungen in erster Linie eine Person an der Spitze der Kommission, die (ihnen) möglichst wenig Ärger bereitet.

Neben dem Initiativrecht für konkrete Gesetzesvorhaben ist es eine weitere zentrale Aufgabe der Kommission, Ideen und Strategien für zukünftige Gesetzesvorhaben zu entwickeln. In unregelmäßigen Abständen veröffentlicht sie sogenannte *Weißbücher*, die Handlungsvorschläge für einen bestimmten Politikbereich oder ein bestimmtes Problem beinhalten. Das Weißbuch zur *Vollendung des Binnenmarkts* war beispielsweise von zentraler Bedeutung für die Umsetzung des Binnenmarktprogramms, das die Mitgliedstaaten in der EEA 1986 beschlossen hatten. Aktuelleren Datums sind die Weißbücher zur *Zukunft Europas*, das sich vor dem Hintergrund von Eurokrise und Brexit mit verschiedenen Integrationsszenarien auseinandersetzt, und zur *Künstlichen Intelligenz* (KI), das KI-bezogene Chancen und Risiken thematisiert. Darüber hinaus definiert die Kommission für ihre jeweils fünfjährige Legislaturperiode eine Prioritätenliste, eine Art Regierungsprogramm: Neben dem «Green New Deal» stehen für die Kommission unter der Präsidentschaft von Ursula von der Leyen beispielsweise Maßnahmen zur Entwicklung einer «europäischen Gesundheitsunion» auf der Prioritätenliste ganz oben.

Aufbau und Funktionsweise der Kommission ähneln denen einer Regierung. Das *Kollegium* umfasst den Kommissionspräsidenten beziehungsweise die Kommissionspräsidentin, die Vizepräsidenten und -präsidentinnen, das Amt des Hohen Vertreters der Union für Außen- und Sicherheitspolitik sowie die Kommissarinnen und Kommissare. Es ist der politische Arm der Exekutive: Hier werden Gesetzesinitiativen auf den Weg gebracht und das politische Arbeitsprogramm festgelegt. In Politikbereichen wie der Wettbewerbspolitik in denen die Kommission herausgehobene Befugnisse hat, kann sie sogar direkt verbindliche Entscheidungen treffen. Die Ernennung der Mitglieder der Kommission erfolgt durch die Mitgliedstaaten, wobei de facto jede nationale Regierung einen Kommissar beziehungsweise eine Kommissarin nominiert. Alle Mitglieder des Kollegiums müssen vom Europäischen Parlament bestätigt werden. Der Abstimmung im Europäischen Parlament geht ein Anhörungsprozess voraus, in dem Kandidaten für das Amt des Kommissars von den Abgeordneten auf ihre Eignung geprüft werden. So fielen beispielsweise 2019 bei der Einsetzung der Kommission unter Führung von Ursula von der Leyen mehrere designierte EU-Kommissionsmitglieder bei den Anhörungen im Parlament durch. Prominentestes «Opfer» war dabei die ehemalige französische Verteidigungsministerin Sylvie Goulard, die vom französischen Staatspräsidenten Emmanuel Macron als Kommissarin vorgeschlagen wurde. Neben einer Spesenaffäre scheiterte ihre Kandidatur nicht zuletzt daran, dass einige Parlamentsabgeordnete Emmanuel Macron maßgeblich dafür mitverantwortlich machten, Manfred Weber (Vorsitzender der Fraktion der Europäischen Volkspartei im Europäischen Parlament) als Spitzenkandidaten für das Amt des Kommissionspräsidenten torpediert zu haben. Die Ablehnung «seiner» Kommissarin war gewissermaßen die Retourkutsche der verärgerten Abgeordneten.

Der Kommissionspräsident beziehungsweise die Kommissionspräsidentin legt die politischen Leitlinien und Prioritäten der Kommissionsarbeit fest und steht dem Kommissionskollegium vor. Zudem ist er/sie für die Zuteilung der Ressorts an die jeweiligen Kommissare und Kommissarinnen zuständig. Besonders prestigeträchtig sind diejenigen Ressorts, in denen die Kommission über weitreichende Entscheidungsbefugnisse verfügt. Hierzu zählen beispielsweise seit jeher das Wettbewerbsressort oder seit einiger Zeit das Wirtschafts- und Währungsressort, das im Zuge der Euro- und Corona-Krise enorm an Bedeutung hinzugewann. Andere Ressorts genießen aufgrund ihrer herausgehobenen institutionellen Stellung besondere Aufmerksamkeit, wie das Amt des Hohen Vertreters der EU für Außen- und Sicherheitspolitik. Designierte Kommissionspräsidenten und -präsidentinnen arbeiten daher hinter den Kulissen intensiv mit den Regierungen der Mitgliedstaaten und dem Europäischen Parlament an einem für alle Seiten akzeptablen – sprich: mehrheitsfähigen – Personaltableau. Denn um ins Amt zu kommen und effektiv regieren zu können, braucht die Kommission regelmäßig die Unterstützung einer Mehrheit des Europäischen Parlaments und eine qualifizierte Mehrheit der Regierungen der Mitgliedstaaten.

Der Europäische Rat. Die Kommission ist nicht die einzige Akteurin, die die Tagesordnung europäischer Politik maßgeblich bestimmt. Dem *Europäischen Rat*, Organ der Staats- und Regierungsoberhäupter aller Mitgliedstaaten, kommt eine besondere impulsgebende Bedeutung zu. Gemäß Artikel 15, Absatz 1 EUV gibt der Europäische Rat der EU «die für ihre Entwicklung erforderlichen Impulse und legt die allgemeinen politischen Zielvorstellungen und Prioritäten hierfür fest». Die Gründung der Gemeinschaft in den fünfziger Jahren, die Weiterentwicklung zur Wirtschafts- und Währungsunion in den neunziger Jahren oder die Krisenbekämpfungsdiplomatie der jüngeren Vergangenheit unterstreicht die tragende Rolle der Staats- und Regierungsoberhäupter der Mitgliedstaaten im EU-Integrationsprozess. Trotz der faktischen Bedeutung des Europäischen Rats entschieden sich die Staats- und Regierungsoberhäupter erst 1974 dazu, regelmäßige Treffen untereinander abzuhalten, um auf akute Probleme wie Krisen und Integrationsblockaden adäquat reagieren zu können.

Der Europäische Rat ist der der zentrale Impulsgeber für die Weiterentwicklung der Gemeinschaft. Änderungen der primärrechtlichen Grundlagen der EU werden von den Staats- und Regierungsoberhäuptern angestoßen, ausgehandelt und bedürfen der Zustimmung aller. Das gleiche gilt für die diversen Erweiterungsrunden der EU, denen die Zustimmung aller Regierungen vorausgehen muss. Zentrale Richtungsentscheidungen wie die Vollendung des Binnenmarkts, die Schaffung des Euro sowie dessen «Rettung» in den turbulenten Jahren der Finanzkrise oder die Einrichtung des Corona-Hilfsfonds bedürfen der Initiative, der Bearbeitung und letztlich der Beschlussfassung durch den Europäischen Rat. Darüber hinaus gibt es Bereiche wie die Außen- und Sicherheitspolitik, in denen es dem Europäischen Rat obliegt, strategische Entscheidungen für die Union zu treffen, vorausgesetzt alle Staaten ziehen an einem Strang. Oft ist es auch der Europäische Rat, der Blockaden aus dem Weg räumen muss, wenn es bei der Verabschiedung wichtiger EU-Gesetze oder im Rahmen des Haushaltsverfahrens zu Unstimmigkeiten zwischen den beteiligten Akteuren kommt.

Eine Gemeinschaft mit wachsender Mitgliederzahl und neuen Zuständigkeiten stellt hohe Anforderungen an das Krisenmanagement und das Setzen neuer politischer Impulse. Aus diesen Gründen hat sich nicht nur die Frequenz der Treffen der Staats-

und Regierungschefs erhöht, sondern auch die Arbeitsweise des Europäischen Rats gewandelt. 2008 wurden im Zuge der Eurokrise sogenannte «Euro-Gipfel» der Regierungen der Euro-Länder einberufen, um Maßnahmen zur Rettung und später zur Konsolidierung der Wirtschafts- und Währungsunion regelmäßig zu diskutieren. Um in turbulenten Zeiten politische Kontinuität zu gewährleisten, Diskussionen zu strukturieren und Kompromisse auszuloten, steht dem Europäischen Rat seit dem Inkrafttreten des Lissabonner Vertrags ein Präsident (sic) vor, der für zweieinhalb Jahre von den Staats- und Regierungschefs gewählt wird und einmal wiedergewählt werden kann. Der ehemalige belgische Premierminister Herman Van Rompuy bekleidete als erster von 2009 bis 2014 das neu geschaffene Amt des Präsidenten des Europäischen Rates.

Zugespitzt kann man den Europäischen Rat als Kommandobrücke der EU bezeichnen. Hier wird der allgemeine Kurs der EU abgesteckt und auf unvorhergesehene Hindernisse reagiert. Da alle Richtungsentscheidungen und -änderungen einstimmig beschlossen werden müssen, gibt es auf der Kommandobrücke viele Kapitäne und einige Kapitäninnen, die sich über den Kurs verständigen müssen. Die Arbeit der Staats- und Regierungsoberhäupter hat sich mit fortschreitender Vertiefung und Erweiterung zunehmend ausdifferenziert und institutionalisiert. Dabei hat sich auch eine vielschichtige diplomatische Praxis herausgeschält, die selbst vor sakralen Konnotationen nicht zurückschreckt: Wenn es Spitz auf Knopf steht und eine Einigung über den zukünftigen Kurs zu scheitern droht, kann der Präsident des Europäischen Rats die Staats- und Regierungsoberhäupter einzeln in den «Beichtstuhl» rufen, um an das Gemeinschaftsinteresse zu appellieren und den Spielraum für Kompromisslösungen auszuloten.

Politikentscheidungen treffen: Das EU-Zweikammersystem

Damit aus den von der Kommission lancierten Gesetzesinitiativen Verordnungen und Richtlinien werden, bedarf es in der Regel der Zustimmung zweier Organe: des Ministerrats (offiziell:

Rat), in dem die Regierungen der Mitgliedstaaten vertreten sind, und des Europäischen Parlaments, das die EU-Bürgerinnen und Bürger repräsentiert. Ministerrat und Europäisches Parlament bilden das Zweikammersystem der EU: Die gesetzgebende Gewalt wird in der EU von beiden Organen ausgeübt. Heutzutage herrscht im Hinblick auf das Gros der Zuständigkeitsbereiche der EU formal Gleichberechtigung zwischen Ministerrat und Europäischem Parlament. Beide Organe können die Gesetzesvorlagen der Kommission abändern und beide Kammern müssen einem Gesetz zustimmen, damit es zustande kommt und in Kraft treten kann. In den ersten Jahrzehnten des EU-Integrationsprozesses war dieses Zweikammersystem jedoch hochgradig asymmetrisch. Der Ministerrat gab den Ton an, das Europäische Parlament war Nebendarsteller und wurde allenfalls nach seiner Meinung gefragt. Wie haben sich die Befugnisse beider Legislativkammern im Laufe der Zeit gewandelt? Welche Auswirkungen hatte dies auf ihre Arbeitsweise und die Funktionsweise des EU-Zweikammersystems?

Der Ministerrat. Im Gesetzgebungsverfahren kommt dem Ministerrat traditionell eine zentrale Rolle zu. Seine Wurzeln reichen bis in die Gründungsphase der EGKS zurück. Der Ministerrat sollte gegenüber der überstaatlichen Hohen Behörde ein Korrektiv darstellen und die Interessen der Regierungen vertreten. Mit der Gründung der EWG wurde der Ministerrat neben der Kommission zum wichtigsten Akteur im EU-Gesetzgebungsprozess: Auf Initiative der Kommission befand allein er über Richtlinien und Verordnungen. Entschieden wurde meist einstimmig, obwohl die Gründungsverträge nach einer kurzen Übergangszeit qualifizierte Mehrheitsentscheidungen erlaubten. Auf Druck des französischen Staatspräsidenten Charles de Gaulle wurde 1966 der Luxemburger Kompromiss ausgehandelt, wonach jeder Ratsvertreter ein Veto einlegen können sollte, wenn eine Entscheidung «nationale Interessen» berührte. Die im Ministerrat vertretenen Regierungen haben in der Folgezeit extensiv von dieser informellen Regelung Gebrauch gemacht. Wenig überraschend hat dieser faktische Zwang zur

Konsensfindung die Entscheidungsfreude und Beschlussfähigkeit des Ministerrates über Jahrzehnte gehemmt. Es dauerte zwanzig Jahre, bis sich die Staats- und Regierungsoberhäupter 1986 im Rahmen der Verhandlungen zur EEA dazu durchrangen, qualifizierte Mehrheitsentscheidungen auch praktisch einzuführen. Für die Umsetzung des ambitionierten Binnenmarktprogramms bedurfte es weitreichender politischer Reformen, die durch Beibehaltung des Einstimmigkeitsprinzips verschleppt zu werden drohten. Sogar die auf souveränitätsschonende Entscheidungsverfahren bedachte britische Premierministerin Margaret Thatcher stimmte, wenn auch widerwillig, der Einführung qualifizierter Mehrheitsentscheidungen zu, um das gemeinsame Ziel der Marktliberalisierung nicht zu gefährden. Ihr Außenminister Geoffrey Howe musste dann den diskursiven Spagat vollbringen, das britische Unterhaus in den Ratifikationsdebatten davon zu überzeugen, dass qualifizierte Mehrheitsentscheidungen die Souveränität von Westminster nicht antasten würden (was sie zweifelsohne taten). Als formale Abstimmungsregel sind qualifizierte Mehrheitsentscheidungen im Ministerrat mittlerweile der Normalfall; de facto versuchen die im Rat vertretenen Minister und Ministerinnen jedoch einen Konsens herzustellen und eine förmliche Abstimmung zu vermeiden. Seit dem Vertrag von Lissabon, der 2009 in Kraft trat, ist die qualifizierte Mehrheit genau genommen eine *doppelte* Mehrheit: Um eine Richtlinie oder Verordnung zu verabschieden, müssen 55% der EU-Mitgliedstaaten, die mindestens 65% der EU-Bevölkerung repräsentieren, dem Vorhaben zustimmen. In bestimmten Politikbereichen wie in der Sicherheits- und Verteidigungspolitik oder bei der Verabschiedung des mehrjährigen Finanzrahmens der EU wird jedoch nach wie vor einstimmig entschieden.

Faktisch gibt es nicht nur einen Ministerrat, sondern mehrere. Die Ausweitung der Befugnisse der EU verlangte nach Spezialisierung im Gesetzgebungsprozess. Während der Spezialisierungsbedarf im Europäischen Parlament zur Ausbildung eines differenzierten Ausschusssystems führte, organisiert sich der Ministerrat in unterschiedlichen Ratsformationen. Berät der Ministerrat eine Richtlinie im Bereich Umweltschutz, treffen sich die nationalen Fachminister und -ministerinnen, die in ihren Heimatländern für Umweltfragen zuständig sind. Bei Gesetzgebungsverfahren, die die Landwirtschaft betreffen, treffen sich die Agrarminister und -ministerinnen der Mitgliedstaaten. Eine zentrale Rolle nimmt der Rat für allgemeine Angelegenheiten ein, in dem zumeist die Außen- oder Europaminister und -ministerinnen zusammenkommen. Der Rat für allgemeine Angelegenheiten befindet beispielsweise über Querschnittsthemen wie die mehrjährige Finanzplanung der EU oder Fragen, die mit der EU-Erweiterung zusammenhängen. Darüber hinaus ist er für die Vorbereitung der Treffen des Europäischen Rats zuständig. Aufgrund des hohen Aufkommens an Entscheidungen kommen manche Ratsformationen fast monatlich zusammen, wie beispielsweise der Rat für Landwirtschaft und Fischerei. Auch der Rat für Wirtschaft und Finanzen hat seit der Eurokrise einiges an Mehrarbeit zu leisten.

Über diesem geschäftigen Treiben schwebt die Ratspräsidentschaft, die jedoch nicht mit dem Amt des Präsidenten des Europäischen Rates zu verwechseln ist. Die Ratspräsidentschaft rotiert alle sechs Monate unter den Mitgliedstaaten nach einem festgelegten Schlüssel. Aufgabe der Ratspräsidentschaft ist die Leitung aller relevanten Beratungs- und Entscheidungsgremien innerhalb der Maschinerie des Rats, wozu neben den Treffen der Ratsformationen auch viele Vorbereitungstreffen gehören. Im Laufe der sechsmonatigen Ratspräsidentschaft kommen schnell mehrere hundert Treffen zustande, die vorbereitet, koordiniert und geleitet werden müssen. Während größere Mitgliedstaaten allein durch den personellen Umfang ihrer Ministerialbürokratie das Unterfangen einer Ratspräsidentschaft einfacher stemmen können als kleinere Mitgliedstaaten, kommt zudem dem Generalsekretariat des Rates in Brüssel eine wichtige Rolle zu. Es unterstützt die Arbeit des Rates organisatorisch und sorgt zwischen den ständig wechselnden Ratspräsidentschaften für Kontinuität in den Abläufen und für inhaltliche Kohärenz.

Im politischen Alltagsgeschäft der EU ist der Rat mitsamt seiner Maschinerie an Ausschüssen nach wie vor der wichtigste Akteur. Zu jedem von der Kommission vorgeschlagenen Gesetzesvorhaben, ob Richtlinie oder Verordnung, muss der Rat letzten Endes sein Plazet geben, entweder einstimmig oder per qualifizierter Mehrheitsentscheidung. Selbstverständlich kann der Rat ein Gesetzesvorhaben auch blockieren oder ablehnen, wenn die dafür notwendigen Mehrheiten nicht zustande kommen.

Das Europäische Parlament. Der Aufstieg des Europäischen Parlaments zum gleichberechtigten Mitgesetzgeber ist eine der bemerkenswertesten Entwicklungen in der institutionellen Architektur der EU. Ursprünglich war eine parlamentarische Versammlung für die EGKS gar nicht vorgesehen. Erst in der Diskussion darüber, wie die von den Staaten als unabhängig konzipierte Hohe Behörde – die Vorgängerinstitution der Kommission – kontrolliert werden sollte, kam die Idee einer parlamentarischen Versammlung auf. In einer Gemeinschaft demokratischer Staaten kann es kein unkontrolliertes Machtzentrum geben, so die Delegierten. Die Gemeinsame Versammlung der EGKS und später der EWG war demnach in erster Linie eine Instanz zur Kontrolle supranationaler Machtausübung. Sie verfügte über keine nennenswerten Gesetzgebungs- oder Haushaltsbefugnisse. Erst mit dem Aufkommen von Haushaltsmitteln, die nicht aus staatlichen Beiträgen stammen, sondern der Gemeinschaft vor allem aus Zolleinnahmen direkt zuflossen («traditionelle Eigenmittel») –, wurde das Europäische Parlament seit Mitte der siebziger Jahre an der Haushaltsgesetzgebung mitbeteiligt. Darüber hinaus waren bis zum Inkrafttreten der EEA 1987 die Gesetzgebungsbefugnisse des Europäischen Parlaments äußerst mager. Das Parlament musste zwar angehört werden, konnte Gesetzesvorhaben aber nicht verhindern oder gegen den Willen des Ministerrats beeinflussen. Das änderte sich mit dem sogenannten Zusammenarbeitsverfahren, das dem Parlament insbesondere in der Binnenmarktgesetzgebung mehr Einfluss einräumte. Im Vertrag von Maastricht, der 1993 in Kraft trat, wurde dem Europäischen Parlament im Rahmen des Mitentscheidungsverfahrens erstmalig eine Veto-Möglichkeit zugesprochen, was den eigenen Forderungen im Gesetzgebungsverfahren zusätzliches Gewicht verlieh. In der Folgezeit wurde das Mitentscheidungsverfahren weiter zugunsten des Parlaments reformiert und dessen Anwendung ausgeweitet, so dass das Europäische Parlament in den meisten Politikbereichen, in denen die EU über Gesetzgebungsbefugnisse verfügt, heute gleichberechtigt mit dem Rat Gesetzesentscheidungen beeinflussen kann. Das «ordentliche Gesetzgebungsverfahren», wie das Mitentscheidungsverfahren seit 2009 genannt wird, sieht nämlich vor, dass jeder Kommissionsvorschlag vom Ministerrat und Parlament gemeinsam beschlossen werden muss. Sollte es nach zwei Lesungen keine Einigung geben, kann ein Vermittlungsausschuss, bestehend jeweils zur Hälfte aus Vertretern des Ministerrats und des Parlaments, eingesetzt werden, um eine Kompromisslösung herbeizuführen. In der Praxis hat sich das sogenannte *Trilog*-Prinzip etabliert, ein informelles Verfahren, an dem Kommissions-, Parlaments- und Ministerratsabgesandte teilnehmen, um frühzeitig im Gesetzgebungsprozess den Spielraum für Einigungen auszuloten und Gesetzgebungsverfahren zügiger zum Abschluss zu bringen.

Worauf ist der Machtzuwachs des Europäischen Parlaments und damit die Ausbildung eines zunehmend symmetrischen Zweikammersystems zurückzuführen? Ein Grund liegt in der Logik des EU-Integrationsprozesses selbst und lässt sich auf den einfachen Nenner bringen, dass es Integration ohne parlamentarische Repräsentation nicht geben kann («Keine Integration ohne Repräsentation!»). So haben die Regierungen der EU-Mitgliedstaaten dem Europäischen Parlament immer dann neue Befugnisse zugeteilt, wenn es zu einer signifikanten Vertiefung des Integrationsprozesses gekommen ist. Die Beteiligung des Parlaments am EU-Gesetzgebungsverfahren ist eng mit dem Binnenmarktprogramm von 1986/1987 und der damit verbundenen Einführung qualifizierter Mehrheitsbeschlüsse im Ministerrat verknüpft. Einige Regierungen haben in diesem Kontext argumentiert, dass ein zentrales Glied aus der demokratischen Repräsentationskette herausbricht, wenn einzelne Staaten überstimmt werden können. Regierungen überstimmter Staaten können dann nämlich nicht von nationalen Abgeordneten und diese wiederum nicht von ihren Wählerinnen und Wählern für

Entscheidungen, die sie nicht zu verantworten haben, zur Rechenschaft gezogen werden. Um diese demokratische Repräsentationslücke zu schließen, lag es nahe, das Europäische Parlament als Vertretungsorgan aller europäischer Bürgerinnen und Bürger an der EU-Gesetzgebung stärker zu beteiligen. Auch wenn sich die Regierungen durch die Stärkung des Europäischen Parlaments in ihrer Machtfülle selbst beschnitten haben, zeigt diese Entwicklung, dass die demokratische Wertegemeinschaft, für die sich die EU stets gerne ausgibt, mehr ist als reine Symbolik oder Rhetorik. Bereits Jean Monnet erkannte in den fünfziger Jahren, dass eine Gemeinschaft demokratischer Staaten an demokratischen Entscheidungsverfahren auf europäischer Ebene nicht vorbeikommt. In komplexen Entscheidungssystemen wie dem der EU braucht es jedoch mitunter etwas länger, bis sich eine stichhaltige Erkenntnis in politisches Handeln übersetzt.

Ein weiterer Grund für den Machtzuwachs des Europäischen Parlaments liegt in dessen eigener Ungeduld begründet. Warum darauf warten, dass die Regierungen dem Demokratieprinzip durch die Stärkung parlamentarischer Befugnisse huldigen, wenn das Parlament den Prozess selbst beschleunigen kann? So hat es das Europäische Parlament nicht versäumt, regelmäßig Kompetenzkonflikte mit dem Rat anzuzetteln, um den eigenen Einflussspielraum zu erweitern. Nachdem das Parlament durch die EEA von den Mitgliedstaaten erste Mitbestimmungsrechte in der Gesetzgebung zugesprochen bekam, hatten die Abgeordneten schnell Gefallen an der Mitwirkung bei der Gesetzgebung gefunden und strebten nach mehr. Die Forderung nach Gleichberechtigung im Gesetzgebungsprozess konnte das Parlament in den neunziger Jahren durchsetzen, weil es dem Rat erfolgreich damit drohte, jedes Gesetzesvorhaben scheitern zu lassen, sollten die Mitgliedstaaten das Parlament nicht de facto als gleichwertigen Gesetzgeber anerkennen. Die Mitgliedstaaten knickten bereits bei der ersten Vetodrohung des Europäischen Parlaments ein und verschafften dem Parlament einen wichtigen Sieg auf dem Weg zum Mitgesetzgeber.

Der 2014 erstmals zur Anwendung gelangte «Spitzenkandidatenprozess» ist eine weitere prominente Episode, die zeigt, wie das Europäische Parlament dem Rat Befugnisse abgerungen hat. Das Europäische Parlament insistierte erfolgreich darauf, dass die von europäischen Parteienföderationen nominierten Spitzenkandidatinnen und -kandidaten für die Europawahlen gleichzeitig als Hauptanwärter und -anwärterinnen für das Amt des Kommissionspräsidenten fungieren sollten. Der Spitzenkandidat oder die Spitzenkandidatin der bei den Europawahlen stärksten Fraktion sollte von den Staats- und Regierungoberhäuptern als Kommissionspräsident beziehungsweise -präsidentin nominiert werden. Dieses vom Europäischen Parlament vorgeschlagene Verfahren entbehrt einer expliziten vertraglichen Grundlage und ist eine eher freie Interpretation von Artikel 17, Absatz 7 EUV, wonach der Europäische Rat bei der Nominierung eines Kandidaten oder einer Kandidatin für das Amt des Präsidenten der Kommission das Ergebnis der Wahlen zum Europäischen Parlament zu berücksichtigen hat. Der «Spitzenkandidatenprozess» ist eine Erfindung des Parlaments, dem die Regierungen nur aufgrund des vom Parlament ausgeübten Drucks größtenteils widerwillig folgten. So drohte das Parlament damit, diejenigen von den Mitgliedstaaten vorgeschlagenen Kandidaten und Kandidatinnen durchfallen zu lassen, die nicht vorher als Spitzenkandidat bzw. Spitzenkandidatin gekürt worden waren. Der Gewinner der Europawahl von 2014, der Spitzenkandidat der Europäischen Volkspartei (EVP) und ehemalige Luxemburger Premierminister Jean-Claude Juncker, wurde von den Regierungen zum Kommissionspräsidenten ernannt, obwohl sich mehrere Regierungen gegen ihn positionierten. Die Drohung des Parlaments, alternative, von den Mitgliedstaaten vorgeschlagene Kandidaten oder Kandidatinnen abzulehnen, zeigte Wirkung. Fünf Jahre später ging der deutsche Christsoziale Manfred Weber als Spitzenkandidat der EVP aus den Europawahlen siegreich hervor, der Weg ins Amt des Kommissionspräsidenten blieb ihm – anders als Jean-Claude Juncker – jedoch verwehrt. Dies lag daran, dass der Widerstand seitens einiger im Europäischen Rat vertretenen Regierungen gegenüber Weber so stark ausgeprägt und gleichzeitig der Rückhalt Webers im Europäischen Parlament nicht stark genug war, um den Spitzenkandidaten-Coup von 2014 wiederholen zu können.

Dieser Kompetenz-Rückschlag darf nicht darüber hinwegtäuschen, dass das Europäische Parlament in der Vergangenheit meist als Einheit gehandelt hat, wenn es darum ging, die eigenen Befugnisse gegenüber dem Rat auszuweiten. Das institutionelle Eigeninteresse nach mehr Einfluss lässt politische und ideologische Differenzen zwischen den Parlamentsfraktionen in den Hintergrund treten.

Im politischen Tagesgeschäft hingegen agiert das Europäische Parlament wie jedes andere Parlament in einer repräsentativen Demokratie. Um politisch gestalten zu können, muss die Parlamentsarbeit effektiv organisiert werden. Zu diesem Zweck schließen sich die Abgeordneten in Fraktionen zusammen und bilden Ausschüsse. Die Parlamentsfraktionen sind für die parlamentarische Arbeit unerlässlich. Sie bündeln die Interessen von Abgeordneten, die einer Vielzahl unterschiedlicher nationaler Parteien angehören; sie unterstützen Abgeordnete bei ihrer Arbeit; sie sind unerlässlich zur Organisation politischer Mehrheiten. Der über Jahre schwelende Konflikt zwischen der ungarischen FIDESZ-Partei, die zuhause rechtsstaatliche Prinzipien verletzt, innerhalb der christdemokratischen Fraktion der Europäischen Volkspartei (EVP) im Europäischen Parlament aber lange als Partner toleriert wurde, um Mehrheiten zu sichern, illustriert ein Dilemma der Fraktionsarbeit im Europäischen Parlament: Wie viel Heterogenität verträgt eine Parlamentsfraktion, ohne parlamentarische Handlungsfähigkeit und politische Glaubwürdigkeit einzubüßen? Hinzu kommt, dass die Mehrheitsfindung innerhalb des Europäischen Parlaments infolge der sukzessiven Schwächung der ehemals großen Volksparteien eher schwieriger als einfacher geworden ist. Ironischerweise erschwert gerade die machtpolitische Bedeutung des Parlaments bei der EU-Gesetzgebung den Ausschluss nationaler Parteidelegationen, selbst wenn deren Mutterparteien anti-liberalen und autoritären Tendenzen frönen. Letztere werden nämlich nicht selten als «Partnerin» benötigt, um Mehrheiten im Parlament zu organisieren, die der eigenen politischen Agenda zur Durchsetzung verhelfen. Dafür gilt es dann, wie der Politikwissenschaftler Daniel Kelemen argumentiert hat, einen Pakt mit autoritären Kräften in Kauf zu nehmen. Manfred Weber (CSU), Fraktionsvorsitzender der EVP-Fraktion im Europäischen Parlament, konnte lange Zeit ein Lied von diesem Pakt singen. Im Frühjahr 2021 wurde dieser Faustische Pakt aufgekündigt, indem die FIDESZ nach langem Tauziehen der EVP den Rücken kehrte, um einem bevorstehenden Ausschluss zuvorzukommen.

Welche Fraktionen sitzen im Europäischen Parlament? Die Parlamentsfraktionen repräsentieren die wichtigsten europäischen Parteifamilien und bilden ein breites ideologisches Spektrum ab. Trotz kontinuierlicher Stimmen- und Sitzverluste in den vergangenen Europawahlen bilden nach der Wahl von 2019 Konservative und Christdemokraten der EVP-Fraktion sowie die Sozialdemokraten der S&D-Fraktion die stärksten Fraktionen im Europäischen Parlament. Die Schwesterparteien CDU und CSU sind die stärkste nationale Delegation innerhalb der EVP-Fraktion, während die SPD hinter den spanischen Sozialisten den Rang als stärkste sozialdemokratische Delegation eingebüßt hat. Als drittstärkste Kraft hat sich 2019 die liberale Fraktion RENEW etabliert, was unter anderem dem starken Abschneiden der liberalen Partei La République en Marche in Frankreich geschuldet war, die Emmanuel Macron einst den Weg in den Élysée-Palast mitgeebnet hat. Viertstärkste Kraft ist die nationalistische und rechtspopulistische Fraktion Identität und Demokratie, in der unter anderem die deutsche AfD, die italienische Lega und der französische Rassemblement National (früher: Front National) vertreten sind. Die Fraktion Die Grünen/Europäische Freie Allianz ist die fünfte Kraft im Parlament. Ihr gehören grüne und ökologisch orientierte Parteien an. Bündnis 90/Die Grünen stellen in dieser Fraktion die stärkste nationale Delegation. Als Zusammenschluss nationalkonservativer Parteien, in dem die polnische PiS-Partei nach dem Brexit-bedingten Austritt der britischen Konservativen nun den Ton angibt, bildet die Fraktion der Europäischen Konservativen und Reformer die sechststärkste Kraft im Parlament. Das Schlusslicht hinsichtlich der Fraktionsstärke bildet Die Linke im Europäischen Parlament (Konföderale Fraktion der Vereinten Europäischen Linken/Nordische Grüne Linke), in der sozialistische und links-populistische Parteien vertreten sind. Die Linke aus Deutschland, die griechische SYRIZA oder La France insoumise haben in dieser Fraktion ihr Zuhause.

Keine Fraktion verfügt über eine absolute Mehrheit der Sitze. Selbst eine mögliche «Große Koalition» aus EVP- und S&D-Fraktion kommt infolge der Wahl 2019 gemeinsam auf weniger als 50% der Abgeordneten. Anders als in klassischen parlamentarischen Regierungssystemen gibt es in der EU aber auch keine Regierung, die im Parlament auf eine stabile Mehrheit angewiesen wäre. Stattdessen zeichnet sich die Gesetzesarbeit im Europäischen Parlament durch wechselnde Koalitionen aus. Für jedes Gesetzesvorhaben müssen stets neue Mehrheiten organisiert werden. Ähnlich wie in einem präsidentiellen System zeichnet sich das Entscheidungssystem der EU nämlich durch eine weitgehende Trennung von Exekutive und Legislative aus. Fluide Koalitionen sind daher üblich und sogar notwendig, wenn das Parlament handlungsfähig bleiben möchte.

Wer koaliert nun mit wem im Europäischen Parlament? Ein Blick auf die beiden zentralen ideologischen Konfliktlinien – das Koordinatensystem politischen Wettbewerbs in der EU – ist hierfür aufschlussreich. Die erste Konfliktlinie ist die klassische «Links-rechts»-Achse politischen Wettbewerbs. Ideologisch linksstehende Fraktionen wie die Sozialdemokraten und die Grünen wollen die sozialen oder ökologischen Folgen von Marktliberalisierung stärker durch staatliche Interventionen eingehegt sehen; Konservative, Christdemokraten oder Liberale bevorzugen hingegen eine stärkere Marktorientierung sowie individuelle Eigenverantwortung gegenüber öffentlicher Einmischung. Die zweite für den politischen Wettbewerb maßgebliche Konfliktlinie definiert sich über das Ausmaß des Euroskeptizismus der Fraktionen. Pro-europäische Fraktionen stehen weiteren Integrationsschritten positiv gegenüber, während euroskeptische Fraktionen mehr EU-Integration ablehnen oder zur EU gar in Fundamentalopposition treten, wie einst die Abgeordneten von UKIP oder die Brexit-Partei (als das Vereinigte

Königreich noch EU-Mitglied war). Die beiden größten Parlamentsfraktionen, die EVP und die Sozialdemokraten, sind zusammen mit der liberalen RENEW-Fraktion und den Grünen stark pro-europäisch eingestellt. Gemeinsam verfügt diese pro-europäische Koalition über zwei Drittel der Sitze im Parlament. Auch wenn die europaskeptischen Fraktionen bei den Wahlen 2019 stark hinzugewonnen haben, sind sie nach wie vor nicht ausreichend stark oder koalitionsfähig, um politisch gestaltend oder blockierend agieren zu können. Nichtsdestotrotz sind die Zeiten der «Großen Koalition» vorbei, als das Parlament relativ problemlos Mehrheiten durch Zusammenarbeit von EVP und Sozialdemokraten organisieren konnte. Die «große Koalition» benötigt nun also weitere pro-europäische Fraktionen als Partnerinnen, um die für die Gesetzgebung wichtigen absoluten Mehrheiten organisieren und dem Rat Paroli bieten zu können.

Neben den Fraktionen hat sich im Europäischen Parlament ein differenziertes Ausschusswesen herausgebildet, um den Einfluss auf und die Arbeit an Gesetzesvorlagen möglichst effektiv zu gestalten. In den Ausschüssen werden die von der Kommission zugeleiteten Gesetzesvorhaben debattiert, Abänderungsvorschläge formuliert und dem Plenum zur Abstimmung vorgelegt. Wie in jedem modernen Parlament findet in den Ausschüssen die eigentliche gesetzgeberische Arbeit statt. Analog zu den unterschiedlichen Konfigurationen des Ministerrats sind die Ausschüsse nach thematischen Zuständigkeiten zugeschnitten. Der Ausschuss für Beschäftigung und soziale Angelegenheiten befasst sich mit Gesetzesvorhaben, die die Gesundheit und Sicherheit von Arbeitnehmerinnen und Arbeitnehmern oder Antidiskriminierungsmaßnahmen am Arbeitsplatz zum Thema haben. Demgemäß ist der Ausschuss für Regionale Entwicklung für die Umsetzung der Kohäsionspolitik der EU zuständig. Ausschüsse sind gleichsam «Mini-Parlamente», in denen die jeweiligen Fraktionen nach ihrer Stärke durch Abgeordnete vertreten sind. Die Entscheidungen, die in den Ausschüssen getroffen werden, sind zwar nicht bindend, werden aber in der Regel durch das Parlamentsplenum abgesegnet.

Das Zweikammersystem aus Rat und Parlament hat auf die Europäisierung politischer Konflikte und den damit verbundenen Zuwachs an Regelungsgegenständen mit interner Arbeitsteilung und Spezialisierung reagiert, so dass jede Kammer ihre politischen Einflussmöglichkeiten optimal auszuschöpfen vermag. In Brüssel hat sich somit eine äußerst aktive und effektive Gesetzgebungsmaschinerie herausgebildet. Die Kommission identifiziert drängende Probleme und speist Lösungsvorschläge in das System ein, Rat und Parlament ringen um Kompromisse, die sie gegenüber ihren jeweiligen Wähler- und Unterstützergruppen vertreten müssen. Um wirksam zu werden, bedürfen Gesetze der faktischen Umsetzung. Während die EU bei der Einhaltung von EU-Recht auf ein starkes Rechtssystem bauen kann, fehlt ihr ein eigener administrativer Unterbau, da die Umsetzung meist Sache der Mitgliedstaaten ist. Dies erschwert die Implementation von EU-Rechtsakten in den Mitgliedstaaten.

Politik um- und durchsetzen:
Europäischer Verwaltungsraum und EU-Rechtsordnung

Die Wirksamkeit von Gesetzen setzt voraus, dass sie effektiv umgesetzt werden, denn das Papier, auf dem Gesetze stehen, ist sprichwörtlich geduldig. Für EU-Gesetze liegt die Zuständigkeit für die Umsetzung gemäß Artikel 291, Absatz 1 AEUV bei den Mitgliedstaaten. Dies gilt vor allem für Richtlinien, da diese erst dann wirksam sind, wenn sie von nationalen Gesetzgebungsorganen in nationales Recht gegossen (transponiert) werden. EU-Verordnungen sind hingegen unmittelbar gültig und bedürfen keiner gesonderten Umsetzung durch nationale Gesetzgeber. Die Vorbereitung der Umsetzung einer EU-Richtlinie beginnt meist schon lange bevor eine Richtlinie auf EU-Ebene verabschiedet wird. Nationale Behörden und Ministerien bereiten die Umsetzung vor, wobei nicht nur Fristen zu berücksichtigen sind, sondern auch zu beachten ist, wer alles beteiligt werden muss. In einem föderalen System wie der Bundesrepublik Deutschland stellt sich die Frage, ob der Bund oder die Länder für die Umsetzung zuständig sind – und dementsprechend auch, ob neben dem Bundestag der Bundesrat mit der Umsetzung einer Richtlinie in deutsches Recht zu betrauen ist.

Ein häufiges Problem bei der Umsetzung von Richtlinien liegt in der Einhaltung der in den Richtlinien festgesetzten Fristen. Bei der Umsetzung von EU-Richtlinien gibt es erhebliche Defizite. Bei der Binnenmarktgesetzgebung liegt nach Berechnungen der Kommission die Verzögerung bei der Umsetzung im EU-Durchschnitt bei fast einem Jahr (11,5 Monate, Stand 2020). Das Umsetzungsdefizit, die Diskrepanz zwischen verabschiedeten und national umgesetzten EU-Richtlinien, liegt EU-weit bei 0,6% (allerdings mit insgesamt sinkender Tendenz). Das Konformitätsdefizit, der Anteil nicht korrekt umgesetzter Richtlinien, ist im EU-Durchschnitt mehr als doppelt so hoch, Tendenz steigend. Die Unterschiede zwischen den Mitgliedstaaten sind zum Teil erheblich. Top-Performer wie Finnland oder Dänemark mit minimalen Umsetzungsdefiziten von 0,1 bzw. 0,2% stehen Nachzüglern wie Spanien und Rumänien mit einem Defizit von 1,1% gegenüber. Deutschland liegt mit einem Umsetzungsdefizit von 0,6% im Mittelfeld. Bei den nicht korrekt umgesetzten Richtlinien liegt Österreich an der Spitze (2%), knapp gefolgt von Deutschland (1,6%), während Malta und Zypern hier besonders regelkonform agieren.

Woher rühren die nationalen Unterschiede bei der (un)pünktlichen und (in)korrekten Umsetzung von EU-Richtlinien? Eine Erklärung ist, dass Unterschiede in der Umsetzung davon abhängen, wie kompatibel oder inkompatibel die in EU-Richtlinien definierten Vorgaben mit bestehenden nationalen Gesetzen sind. Sieht EU-Gesetzgebung umfangreiche Änderungen in der nationalen Gesetzgebung vor, kommt es eher zu Widerständen und somit zur Verschleppung bei der Umsetzung oder zu nicht regelkonformer Umsetzung. Eine weitere Erklärung verweist auf die Anzahl der Akteure auf nationaler Ebene, deren Zustimmung für die Umsetzung von EU-Recht in nationales Recht notwendig ist. Dieses sogenannte «Veto-Spieler»-Argument besagt, dass föderale Systeme wie die Bundesrepublik Deutschland, wo die Bundesländer ein Wort bei der Umsetzung mitzureden haben, eher Umsetzungsdefizite erzeugen als stärker zentralisierte Staaten wie Frankreich, wo die Regionen und Provinzen primär Befehlsempfänger sind. Interessanterweise schneiden vor allem die EU-Mitgliedsstaaten der letzten Beitrittswelle, die Staaten aus Mittel- und Osteuropa, überdurchschnittlich gut bei der Umsetzung von EU-Richtlinien ab. Das kann unter anderem darauf zurückgeführt werden, dass im Zuge des Beitrittsprozesses die für die Umsetzung von EU-Gesetzen notwendigen innenpolitischen Reformen zur Verbesserung der Koordination zwischen Ministerien und Behörden besonders ehrgeizig vorangetrieben wurden.

Ein europäischer Verwaltungsraum. Eine aktive Brüsseler Gesetzgebungsmaschinerie bedeutet Arbeit für nationale Behörden, deren Aufgabe es ist, EU-Recht anzuwenden. Die Umsetzung von EU-Recht in nationales Recht sowie dessen Anwendung sind keine Automatismen. Wie oben beschrieben, fehlen mitunter der politische Wille und manchmal auch administrative Kapazitäten oder das Wissen. Um die Umsetzung und Anwendung von EU-Recht in den Mitgliedstaaten zu unterstützen, hat sich ein europäischer Verwaltungsraum herausgebildet – eine ausdifferenzierte Struktur, bestehend aus Netzwerken nationaler Behörden und EU-Agenturen –, der den Mitgliedstaaten bei der Umsetzung und Anwendung von EU-Recht unter die Arme greift und die Kommission bei der Ausarbeitung von EU-Recht vorausschauend unterstützt. Um Umsetzungsdefiziten entgegenzuwirken, hat die Kommission 2001 in ihrem Weißbuch *Europäisches Regieren* die Einrichtung zusätzlicher EU-Agenturen gefordert und angeregt, dass sich nationale Behörden, die mit der Umsetzung von EU-Recht betraut sind, besser koordinieren. Seit den neunziger Jahren wurden fast 30 EU-Agenturen gegründet, die unter anderem die Umsetzung der Binnenmarktgesetzgebung und marktkorrigierender Maßnahmen unterstützen sollten: den Schutz vor Umweltrisiken, Maßnahmen zum Gesundheitsschutz für Beschäftigte, die Überwachung und Zulassung von Arzneimitteln und Chemikalien, Regelungen zur Sicherheit von Transportmitteln (Bahn, Flugzeuge, Schiffe), um nur einige zu nennen.

EU-Agenturen sind europäische Einrichtungen, die mit eigener

Rechtspersönlichkeit ausgestattet sind und in einem eng umrissenen Problembereich über finanzielle und personelle Unabhängigkeit sowie Entscheidungsautonomie verfügen. Die vergangenen Jahrzehnte waren von einem regelrechten Agentur-«Fieber» gekennzeichnet. Seit der Gründung der ersten EU-Agenturen 1975 wuchs deren Anzahl beständig an und liegt heute bei ca. 40. Die strikte Trennung von Politik und Expertise ist die grundlegende Idee, die mit der Einrichtung von EU-Agenturen verfolgt wird. Expertise soll beispielsweise bei Fragen der Lebensmittelsicherheit im Vordergrund stehen, nicht politische Opportunitätsüberlegungen oder die Partikularinteressen der Lebensmittelindustrie. Gleichermaßen würde die Zulassung von Arzneimitteln wenig Vertrauen erwecken, wenn sie der Politik und nicht Arzneimittelchemikerinnen und -chemikern überlassen würde.

Durch die Arbeit unabhängiger Agenturen soll die Glaubwürdigkeit und das Vertrauen in europäische Regulierungspolitik erhöht werden. Laute Rufe seitens der Politik, die Europäische Arzneimittelbehörde solle Impfstoffe gegen Covid-19 rascher zulassen, mögen in der Öffentlichkeit zwar populär sein und in der Regenbogenpresse Unterstützung finden; doch es ist nicht die Aufgabe der Arzneimittelbehörde, populäre Entscheidungen zu treffen, sondern evidenzbasierte. Und genau aus diesem Grund sind EU-Agenturen unabhängig und deren Mitarbeiter nicht dem politischen Wettbewerb ausgesetzt.

Was passieren kann, wenn politisches Kalkül und wissenschaftlich begründete Expertise in Konflikt geraten, hat die «BSE-Krise» eindrücklich gezeigt. Die Frage, ob die Rinderseuche BSE auf den Menschen durch den Verzehr von verseuchtem Rindfleisch übertragbar ist, führte in den neunziger Jahren zur «BSE-Krise» und erschütterte das Vertrauen von Konsumentinnen und Konsumenten in die Politik und Lebensmittelindustrie. Lange Zeit wurden die Gefahren des Verzehrs von BSE-verseuchtem Rindfleisch von politischen Entscheidungsträgern heruntergespielt und dem Druck der fleischverarbeitenden Industrie nachgegeben. Ein Ergebnis dieser Krise war 2002 die Gründung der Europäischen Behörde für Lebensmittelsicherheit, deren Aufgabe es von nun an war, auf der Grundlage wissenschaftlicher Untersuchungen der Politik verlässliche Informationen zur Verfügung zu stellen, damit zukünftige Gesetze höchsten Anforderungen an die Lebensmittelsicherheit genügen. Die wissenschaftlichen Dienst- und Beratungsleistungen, die von der Behörde für Lebensmittelsicherheit erbracht werden, unterstützen die Kommission und Mitgliedstaaten beispielsweise dabei, EU-Rechtsvorschriften einheitlich auszulegen und anzuwenden, was wiederum für eine korrekte Umsetzung von EU-Recht äußerst förderlich ist.

Andere EU-Agenturen unterstützen die Mitgliedstaaten noch direkter bei der Umsetzung von EU-Rechtsvorschriften. Agenturen wie die EU-Eisenbahnagentur, die Europäische Agentur für die Sicherheit des Seeverkehrs oder die Europäische Agentur für Flugsicherheit sind damit beauftragt, hohe Sicherheitsstandards für die jeweiligen Infrastrukturen zu entwickeln, nationale Behörden bei deren Umsetzung zu unterstützen und die Einhaltung der Sicherheitsstandards zu überwachen. Was für diverse Transportmittel und -infrastrukturen gilt, wird neuerdings auch europaweit zur Überwachung von Banken und Finanzmärkten praktiziert. Im Zuge der Eurokrise wurde offensichtlich, dass die nationale Fragmentierung der Bankenaufsicht dazu geführt hat, dass «Ansteckungsrisiken» unterschätzt wurden und es keine ausreichenden Instrumente gab, die fatalen Auswirkungen finanzieller Schieflagen nationaler Banken auf das europäische Finanzsystem abzufedern. Neben einer europäischen Bankenaufsicht, die bei der EZB angesiedelt ist, unterliegen Banken, Kapitalmärkte und Versicherungen heute der Aufsicht von EU-Agenturen. Um das Finanzsystem zu stabilisieren, unterstützen die neuen Behörden die Kommission unter anderem bei der Ausarbeitung von Regulierungsstandards und der konkreten Durchführung von Rechtsvorschriften und nehmen gegenüber nationalen Behörden und Finanzinstituten eine wichtige Aufsichtsfunktion wahr.

Unabhängig davon, ob es um Transportmittel, Verkehrswege, Banken oder Finanzmärkte geht: EU-Agenturen sollen verhindern, dass nationale Behörden bestehende EU-Regeln allzu lax anwenden, um beispielsweise nationale Banken oder Unternehmen zu protegieren. Außerdem sollen sie nationale Behörden dabei unterstützen, die europäische Dimension ihres Handelns bei der Umsetzung und Anwendung von EU-Regeln besser zu berücksichtigen. In der Euro- und Finanzkrise hat sich gezeigt, dass nationale Aufsichtsbehörden die Risiken von gehandelten Finanzprodukten in einem globalisierten Finanzsystem nicht ausreichend im Blick hatten. EU-Agenturen fungieren als Aufpasserinnen für nationale Behörden, sie dienen zudem als deren Anlaufstelle und als Knotenpunkt, um Erfahrungen auszutauschen. Nationale Behörden und EU-Agenturen schließen sich hierzu in europäischen Regulierungsnetzwerken zusammen, bei denen nicht per Anordnung entschieden und kontrolliert wird, sondern der sachorientierte Dialog im Mittelpunkt steht. Es beraten dann gleichberechtigte Partnerinnen über nationale Umsetzungsprobleme und -praktiken mit dem gemeinsamen Ziel, mitgliedstaatliche Umsetzungsdefizite abzubauen. Aber auch ein stark ausdifferenzierter europäischer Verwaltungsraum, der auf Expertise baut und Regulierungsprobleme depolitisiert, kann nicht verhindern, dass Mitgliedstaaten ihre vertraglichen Verpflichtungen verletzen. Der Kommission kommt in solchen Fällen die wichtige Aufgabe zu, auf die Einhaltung von EU-Recht zu pochen und – als ultima ratio – gegen säumige Mitgliedstaaten Vertragsverletzungsverfahren einzuleiten, über die in letzter Instanz der Gerichtshof der EU zu befinden hat.

Der Gerichtshof der Europäischen Union. Der Gerichtshof der EU und seiner Vorgängergemeinschaften wurde gegründet, um Gemeinschaftsrecht in Streitfällen auszulegen und zur Anwendung zu verhelfen (Artikel 19, Absatz 1 EUV). Zudem sollte das EU-Gericht darauf achten, dass die übrigen EU-Organe nicht «ultra vires» tätig werden, indem sie ihre vertraglich festgelegten Befugnisse überschreiten. Neben dem Gerichtshof der EU wurde 1989 das Gericht Erster Instanz gegründet, das aufgrund des zunehmenden Fallaufkommens den Gerichtshof entlasten sollte. Das Gericht Erster Instanz, das seit 2009 schlichtweg als «Gericht» firmiert, ist dem Gerichtshof der EU nachgeordnet: Alle

Entscheidungen des Gerichts können vom Gerichtshof in letzter Instanz überprüft werden. Der Gerichtshof umfasst 27 Richterinnen und Richter, da jeder EU-Mitgliedstaat einen Richter bzw. eine Richterin entsenden kann. Wie bei der EU-Kommission betont der Vertragstext die Unabhängigkeit der Richterinnen und Richter (Artikel 253 AEUV). Um sicherzustellen, dass es sich bei den zu ernennenden Personen nicht um politische Günstlinge der vorschlagenden Regierungen handelt, sondern um Treuhänderinnen und Treuhänder des EU-Rechts, müssen alle Richterinnen und Richter im «gegenseitigen Einvernehmen» (Artikel 253, Satz 1 AEUV) der Regierungen ernannt werden. Die Amtszeit von sechs Jahren – bei möglicher Wiederernennung – soll Unabhängigkeit von nationalen Wahlzyklen garantieren. Um mögliche Attacken auf die richterliche Unabhängigkeit aus den Hauptstädten vorzubeugen und zu verhindern, dass ein Richtervotum als Positionierung für oder wider «nationale» Interessen gewertet wird, agiert das Gericht als Kollegialorgan. Es trifft seine Urteile zwar per Mehrheit, nach außen tritt es aber einheitlich auf. Aus der Urteilsbegründung wird nicht ersichtlich, welche Richterinnen und Richter das Urteil gestützt, abgelehnt oder gar eine alternative Urteilsbegründung bevorzugt haben.

Eine unabhängige Justiz ist ein wesentlicher Pfeiler jeder liberal-demokratischen Ordnung. Selbst in einer Union demokratischer Staaten steht dieser Pfeiler jedoch nicht überall auf festem Grund. Die schrittweise Politisierung der Justiz, die faktische Abschaffung richterlicher Unabhängigkeit und die Ernennung regierungstreuer Gefolgsleute haben in Polen unter Regierungen der PiS und in Ungarn unter Viktor Orbán dazu geführt, dass die Gewaltenteilung schrittweise ausgehebelt wurde. Wie essenziell die *unabhängige* richterliche Kontrolle von Legislativ- und Exekutivorganen ist, um Machtmissbrauch vorzubeugen, darüber waren sich bereits die Gründungsmitglieder der EGKS einig. Die Warnung des niederländischen Unterhändlers Dirk Spierenburg bei den Verhandlungen zum Schuman-Plan, eine «Diktatur von Experten» müsse verhindert werden, entsprang der Sorge, die Hohe Behörde könnte als zentrales Entscheidungs- und Ausführungsorgan schlichtweg zu viel Macht auf sich konzentrieren. Mit dem Ministerrat, der parlamentarischen Versammlung und dem Gerichtshof wurden institutionelle Kontrollinstanzen und politische Gegengewichte in das Vertragswerk eingebaut, die alle bis heute Bestand haben.

Ein Blick in den Vertragstext reicht aber nicht aus, um die Bedeutung des EU-Gerichts für den europäischen Integrationsprozess angemessen zu würdigen. Im Vertragstext findet sich beispielsweise kein Passus darüber, dass es eine Aufgabe des Gerichtshofs ist, nationales Recht auf dessen Vereinbarkeit mit EU-Recht zu prüfen. Ebenso wenig ist darin festgeschrieben, dass sich nicht nur Staaten, sondern auch einzelne Bürgerinnen und Bürger unmittelbar auf EU-Recht berufen können. Der Gerichtshof nutzte sein rechtliches Instrumentarium, insbesondere das Verfahren der Vorabentscheidung (Artikel 267 AEUV), um das EU-Rechtssystem grundlegend zu transformieren. Das Vorabentscheidungsverfahren wurde ursprünglich in das Vertragswerk aufgenommen, um Kohärenz in der Anwendung von EU-Recht in den Mitgliedstaaten sicherzustellen. Das Vorabentscheidungsverfahren verzahnt nationale und europäische Gerichtsbarkeit, indem nationale Gerichte den Gerichtshof der EU ersuchen können, EU-Recht in einer vor einem nationalen Gericht ausgetragenen Rechtsstreitigkeit verbindlich auszulegen. Was als Mechanismus zur Wahrung der Einheit des EU-Rechtssystems gedacht war, entwickelte sich zu einem Hebel der *Konstitutionalisierung* der EU-Rechtsordnung. Durch seine Rechtsprechung erhob der Gerichtshof die EU-Verträge in den Rang von Verfassungsrecht. EU-Recht genießt Vorrang vor nationalem Recht, sogar vor dem höchstrangigen nationalen Recht, dem Verfassungsrecht. Hinweise auf den Vorrang von EU-Recht vor nationalem Recht sucht man jedoch im EU-Primärrecht vergeblich.

Wie konnte es so weit kommen, dass das EU-Gericht, das primär für die vertragskonforme Anwendung und Auslegung von EU-Recht zuständig sein sollte, in die Rolle eines obersten Gerichts schlüpfte? Eine Antwort auf diese Frage liefert das EU-Gericht selbst. Beginnend in den sechziger Jahren nahm der

Gerichtshof Rechtsstreitigkeiten, die ihm im Rahmen des Vorabentscheidungsverfahrens vorgelegt wurden, zum Anlass, wegweisende Rechtsdoktrinen aufzustellen. In den Rechtssachen *Van Gend & Loos* (1963) und *Costa v. ENEL* (1964) stellte der Gerichtshof zwei Rechtsgrundsätze auf, die die Rechtsordnung der EU nachhaltig verändern sollten: den Grundsatz der unmittelbaren Geltung des Gemeinschaftsrechts vor Gerichten der Mitgliedstaaten (*Direktwirkungsdoktrin*) und den Grundsatz des Vorrangs von EU-Recht vor nationalem Recht (*Vorrangsdoktrin*). Der Grundsatz der Direktwirkung ermöglicht Privatpersonen, Rechtsansprüche aus EU-Recht unmittelbar ableiten und einklagen zu können. Das EU-Gericht argumentierte, dass EU-Recht Rechte und Pflichten für Einzelpersonen begründet, die von mitgliedstaatlichen Gerichten beachtet werden müssen. Der Gerichtshof begründete dies damit, dass die Mitgliedstaaten durch die Abgabe von Souveränitätsrechten eine «neue Rechtsordnung des Völkerrechts» geschaffen haben, «deren Rechtssubjekte nicht nur Mitgliedstaaten, sondern auch die Einzelnen sind». Indem der Gerichtshof in der Rechtssache *Van Gend & Loos* EU-Recht zu einer eigenständigen Rechtsordnung erklärte, bereitete er den nächsten, logischen Schritt vor: die Klärung des Verhältnisses nationaler Rechtsordnungen zu der neuen europäischen Rechtsordnung. In der Rechtssache *Costa v. ENEL* war es dann ein Jahr später so weit. Das Gericht erörterte darin, dass Staaten mit ihrem Souveränitätsverzicht die Verbindlichkeit von EU-Recht zwingend anerkennen, was es wiederum für Staaten unmöglich macht, durch einseitige Maßnahmen EU-Recht zu brechen, ohne damit den Sinn des EU-Integrationsprojekts zu unterlaufen. Welche Wirkung diese Federstriche haben sollten, fand seinerzeit bestenfalls juristische Beachtung.

Welche Konsequenzen hatten und haben diese beiden Grundsätze? Sie bewirken beispielsweise eine bessere Durchsetzung von EU-Recht. Umsetzungsunwillige oder säumige Mitgliedstaaten können von ihren eigenen Gerichten dazu verpflichtet werden, EU-Rechtsakte umzusetzen. Gewappnet mit einer steten Welle an Fällen, die nationale Gerichte dem EU-Gericht zur Vorabentscheidung vorlegten, konnte der Gerichtshof die ins

Stocken geratene Integration des gemeinsamen Marktes in den siebziger und achtziger Jahren durch seine Rechtsprechung beschleunigen. In einer weiteren Grundsatzentscheidung erklärte der Gerichtshof im *Cassis de Dijon*-Fall (1979), dass jede in einem EU-Staat rechtmäßig erzeugte Ware in jedem anderen EU-Staat vertrieben werden darf. Dieses Prinzip der wechselseitigen Anerkennung entfesselte den freien Warenverkehr, da nunmehr jede nicht-mengenmäßige Beschränkung für die Einfuhr von Waren EU-Recht verletzte. Die Folge dieses Urteils war eine zunehmende Klageaktivität, da Export- und Importindustrie eine Chance witterten, nationale Regelungen, die dem Prinzip wechselseitiger Anerkennung widersprachen, mithilfe von EU-Recht auszuhebeln. Steter Tropfen höhlte somit den Stein und brachte die ins Stocken geratene Marktintegration in den siebziger und achtziger Jahren wieder in Gang. Über die Zeit weitete sich das Klage- und Fallspektrum, das dem EU-Gericht vorgelegt wurde, auf Bereiche jenseits des Warenverkehrs aus. Grenzüberschreitende Dienstleistungen, marktverwandte Regulierungspolitik oder auch soziale Rechte gerieten in den Sog der Rechtsprechung des Gerichtshofs der EU.

Die neuen Rechtsgrundsätze und der damit verbundene massive Anstieg an Anfragen nationaler Gerichte an den EU-Gerichtshof führten allerdings auch zu Konflikten zwischen Rechtssystemen und Gerichten. Der Gerichtshof vermochte EU-Recht gegen zuwiderlaufendes nationales Recht nur durchzusetzen, weil sich nationale Gerichte trotz anfänglicher Irritationen zunehmend als Partner des EU-Gerichts begriffen. Der Widerstand bei obersten Gerichten war stärker ausgeprägt als bei unterinstanzlichen Gerichten: Letztere konnten sich EU-Recht zunutze machen, um unliebsame Urteile höherinstanzlicher Gerichte zu umgehen. Dementgegen waren die obersten Gerichte sowohl um den Verlust ihrer eigenen Autorität als auch um die Integrität nationalen Verfassungsrechts besorgt. Wie weit würde der EU-Gerichtshof mit seiner Rechtsprechung in nationale Rechtsordnungen vordringen? Könnten nationale Verfassungsgerichte das EU-Gericht zurückdrängen, wenn es zu weit gehen würde? Das Verhältnis zwischen EU-Recht und nationalem Verfassungsrecht ist keinesfalls eindeutig geklärt. Das Bundesverfassungsgericht hat in mehreren Urteilen unterstrichen, dass es sich eine sogenannte «ultra vires»-Kontrolle vorbehält. Es schreitet dann ein, wenn EU-Organe, der EU-Gerichtshof inklusive, kompetenzwidrig handeln. In jüngster Zeit waren es vor allem Urteile im Kontext der Eurokrise, in denen sich das Bundesverfassungsgericht mit potenziellen Kompetenzüberschreitungen der EU auseinanderzusetzen hatte. Im Kern ging es dabei um die Frage, ob die krisenbedingten Reformen der Wirtschafts- und Währungsunion noch mit dem Demokratieprinzip – das insbesondere durch eine adäquate Beteiligung des Bundestages gewährleistet werden müsse – vereinbar seien. In dem vielbeachteten OMT-Urteil von 2016, das sich mit der Rechtmäßigkeit unbegrenzter Anleihekäufe der EZB befasste, folgte das Bundesverfassungsgericht nur widerwillig dem EU-Gerichtshof, der die Politik der EZB als rechtskonform beschied. Die deutschen Verfassungsrichter versäumten nicht darauf hinzuweisen, dass sich die obersten EU-Richter gerade noch innerhalb ihres Mandats bewegten – und meinten damit nichts anderes, als dass das Bundesverfassungsgericht nicht davor zurückscheuen würde, dem EU-Gerichtshof einen Schuss vor den Bug zu setzen, so er seine Kompetenzen überschreiten sollte. Im Mai 2020 war es dann so weit: Das Bundesverfassungsgericht erklärte im PSPP-Urteil, dass die EZB mit dem Aufkaufen von Anleihen ihre Kompetenzen überschritten hatte, ebenso wie der EU-Gerichtshof, indem er diese Maßnahmen als rechtens erachtet. Der Schock war groß: Wenn zwei oberste Gerichte den gleichen Fall unterschiedlich beurteilen, stößt das Recht an seine Grenzen (Martin Höpner), was eine politische Lösung notwendig macht. Diese steht allerdings aus, weil sich die Regierungen davor drücken, die Büchse der Pandora zu öffnen: Schließlich geht es um nicht mehr und nicht weniger als die Statik der Wirtschafts- und Währungsunion. Potenziell gravierend ist auch die Signalwirkung des Bundesverfassungsgerichtsurteils an andere Verfassungsgerichte in EU-Mitgliedstaaten: Der Vorrang von EU-Recht ist nicht in Stein gemeißelt. Sogar Urteile des obersten EU-Gerichts sind nicht tabu und können von nationalen Verfassungsgerichten als Kompetenzüberschreitungen deklariert werden. In Polen, wo unter der PiS-Regierung rechtstaatliche Institutionen zunehmend unter politische Kontrolle gelangen, wird der Vorrang von EU-Recht vor nationalem Recht sogar grundsätzlich in Frage gestellt. Dabei geht es nicht um ein Austarieren der Zuständigkeitsbereiche zweier Rechtsordnungen, sondern um einen frontalen Angriff auf ein Grundprinzip der EU-Rechtsordnung und somit auf die EU selbst.

Das Wesen der EU: ein Zwischenfazit

Ein Buch, das sich mit der EU befasst, kann sich nicht vor der Frage drücken, um was für eine Art politisches Gebilde es sich bei der EU letztendlich handelt. Die Fülle an Zuständigkeiten und die starke Ausdifferenzierung des Entscheidungssystems scheinen sehr dafür zu sprechen, dass die EU mehr ist als eine internationale, zwischenstaatliche Organisation. Wie in Kapitel I gezeigt wurde, regelt die EU unter anderem den innereuropäischen Handel, setzt gemeinsame Umweltstandards, verantwortet Militärmissionen, besitzt eine Gemeinschaftswährung und subventioniert Agrarbetriebe. In diesem Kapitel wurde dargelegt, dass die EU darüber hinaus über politische Gestaltungsmöglichkeiten verfügt, die diejenigen von internationalen Organisationen weit übertreffen. Die Mitgliedstaaten haben der EU im Laufe der Jahrzehnte freiwillig und begrenzt Souveränitätsrechte übertragen, die es EU-Organen ermöglichen, kollektiv verbindliche Entscheidungen zu treffen, selbst wenn einzelne Staaten mit einer Entscheidung nicht einverstanden sind. Nach gängiger Meinung von Wissenschaftlerinnen und Wissenschaftlern ist die EU aber auch kein Staat. Weder verfügt sie über ein klar umrissenes Staatsvolk oder Staatsgebiet noch besitzt die EU eine souveräne Staatsgewalt. Die Mitgliedstaaten sind nach wie vor die «Herren der Verträge». Nur Staaten besitzen die Kompetenz-Kompetenz, also das Recht, der EU Zuständigkeiten zuzuweisen oder diese zu verändern.

Wenn die EU nun weder ein Staat noch eine internationale Organisation ist, was ist sie dann? Der ehemalige Kommissionspräsident Jacques Delors hat die EU einst als «UPO» bezeichnet: ein nicht identifizierbares politisches Objekt («unidentified political object»). Vom Bundesverfassungsgericht stammt die Zuschreibung, die EU sei «sui generis», ein Gebilde eigener Art, das sich einem Vergleich mit anderen politischen Ordnungen entzieht. Das ist misslich, denn wie soll man über eine politische Ordnung sprechen, nach welchen Maßstäben soll man sie bewerten oder kritisieren, wenn sie sich nicht vergleichen oder klassifizieren lässt? Ein solcher Zustand führt zu Sprachlosigkeit und Missverständnissen. Die Geschichte der EU ist somit auch eine Geschichte von Definitionsversuchen. Manche bemühen sich gar nicht erst, einen Ist-Zustand zu beschreiben, sondern orientieren sich fortwährend an einem Soll-Zustand – der *Finalität* der EU. Walter Hallstein, erster Kommissionspräsident, sprach 1969 von der EU als einem «unvollendeten Bundesstaat». Das weckte vielfach die Erwartung, die EU möge sich zu einer Art Vereinigte Staaten von Europa entwickeln. In seinem Urteil zum Vertrag von Maastricht erklärte das Bundesverfassungsgericht 1993, die EU sei «ein[] Staatenverbund zur Verwirklichung einer immer engeren Union der [...] Völker Europas, kein[] sich auf ein europäisches Staatsvolk stützende[r] Staat». Demgemäß ist die EU mehr als nur ein Zusammenschluss souveräner Staaten; sie ist aber auch kein Bundesstaat, weil ihr ein europäisches Volk fehlt, das einem Volkswillen Ausdruck geben könnte. Die Finalitätsfrage ist in den letzten Jahren in den Hintergrund sowohl öffentlicher als auch wissenschaftlicher Debatten gerückt. Der permanente Krisenmodus der EU, Desintegrationstendenzen wie der Brexit, Euroskeptizismus und aufkeimender Nationalismus lassen heute Forderungen nach den «Vereinigten Staaten von Europa» als weltfremd erscheinen. Die Finalitätsdebatte hilft bei dem Versuch, das Wesen der EU zu beschreiben, also nicht weiter. Um aus dieser Sackgasse herauszukommen, lohnt es sich zu fragen, inwiefern die EU mit Staaten und internationalen Organisationen wesensverwandt ist. Die Unterschiede zwischen Staaten und internationalen Organisationen sind weniger kategorial als vielmehr graduell zu sehen. Zum Zweck des Vergleichs und der Einordnung geht dieser Abschnitt auf drei Fragen ein: Erstens, wie umfangreich sind die Politikgestaltungsbefugnisse der EU (*Zuständigkeitsbereiche*)? Zweitens, wie ausgeprägt ist die Fähigkeit der EU, verbindliche Entscheidungen zu treffen (*Gestaltungsbefugnisse*)? Drittens, worauf gründet die Akzeptanz der EU und der von ihr ausgeübten Politik (*Legitimationsressourcen*)?

Zuständigkeitsbereiche. Internationale Organisationen wie die Weltgesundheitsorganisation, die Welthandelsorganisation oder die NATO haben meist spezifische, eng umrissene Zuständigkeiten: die Bekämpfung von Krankheiten und Seuchen, die Regulierung des Welthandels oder den Schutz vor militärischen Sicherheitsbedrohungen. Demgegenüber ist ein Staat prinzipiell für alles zuständig: für die Wahrung der inneren und äußeren Sicherheit, für wohlfahrtsstaatliche Leistungen, eine funktionierende Infrastruktur, ein öffentliches Bildungssystem und vieles mehr. Um diese Leistungen zu finanzieren und umzusetzen, unterhalten Staaten umfangreiche Steuer- und Verwaltungsapparate. Internationale Organisationen haben hingegen keine Möglichkeit, Steuern zu erheben, sondern werden fast ausschließlich aus Beiträgen der Mitgliedstaaten finanziert. Die Verwaltungsapparate der meisten internationalen Organisationen sind nicht größer als die von Kleinstädten.

Der Zuständigkeitsbereich der EU ist, wie in Kapitel I gezeigt wurde, im Vergleich zu internationalen Organisationen viel weiter gefasst. Es gibt kaum einen Politikbereich, in dem die EU untätig ist. Mit ihrer Politik beeinflusst die EU die Lebenswirklichkeit von EU-Bürgerinnen und EU-Bürgern nachhaltig. Ihre Zuständigkeiten reichen von der erlaubten Feinstaubbelastung in der Luft, der Einlagensicherung bei Banken, der Abschaffung der Roaming-Gebühren über die freie Berufsausübung innerhalb der EU, die Reisefreiheit im Schengen-Raum, Handelserleichterungen für Unternehmen und Datenschutzbestimmungen bis hin zur Ausstellung EU-weiter Haftbefehle, zu der Bekämpfung von Cyber-Kriminalität und militärischen Großbeschaffungsprojekten. Allerdings agiert die EU zumeist nicht autonom, stattdessen teilt sie sich diese Zuständigkeiten mit den

Mitgliedstaaten. In einigen Politikbereichen besitzt die EU sogar die ausschließliche Zuständigkeit, wie beispielsweise in der Wettbewerbspolitik, in der EU-Außenhandelspolitik oder in der Geldpolitik. Nur eine geringe Rolle spielt die EU in Bereichen wohlfahrtsstaatlicher Fürsorge- und Vorsorgepolitiken. Diese Politikfelder liegen nach wie vor in der fast ausschließlichen Verantwortung der EU-Mitgliedstaaten. Hinzu kommt, dass die EU ihre Einnahmen nicht selbst über Steuern generieren kann, sondern auf Beiträge der Staaten angewiesen ist. Dementsprechend verfügt die EU gar nicht über die Mittel, wohlfahrtsstaatliche Leistungen anbieten zu können, geschweige denn eine eigene Armee zu unterhalten. Den modernen, umverteilenden Steuer- und Wohlfahrtsstaat wird die EU sicher nicht ersetzen. Sie ist in ihrem Kern ein *Regulierungsstaat*, der durch das Setzen von Regeln das Funktionieren des gemeinsamen Marktes gewährleistet und soziale Risiken und unerwünschte Nebeneffekte durch Umweltschutz-, Verbraucherschutz- oder Arbeitsschutzmaßnahmen abmildert. Die Regulierungskompetenz der EU ist darüber hinaus in Kernbereiche staatlicher Souveränität, in die Bereiche der inneren und äußeren Sicherheit, vorgedrungen. Im Zuge der Eurokrise und der Corona-Krise hat die EU zudem Maßnahmen beschlossen, die ihre Befugnisse im Bereich finanzieller Umverteilung massiv ausgeweitet haben. Insgesamt ist daher die Bezeichnung der EU als ein «policy-making state» (Jeremy Richardson) besonders treffend.

Gestaltungsbefugnisse. Der souveräne Staat ist «Gewaltmonopolist» (Max Weber) und somit allein dazu befugt, verbindliche Entscheidungen für alle Bürger zu treffen, diese umzusetzen und deren Geltung notfalls auch durch Zwang einzufordern. In internationalen Organisationen treffen souveräne Staaten als Mitglieder aufeinander, die ihre Souveränität nicht auf die internationale Organisation übertragen. Internationale Organisationen helfen souveränen Staaten dabei, ihr Handeln zu koordinieren. Sie können aber keinen Staat zu einer Entscheidung zwingen, geschweige denn diese mittels Androhung von Zwang durchsetzen. Jeder Staat ist nach wie vor sein eigener «Herr»; es existiert kein den Staaten übergeordnetes Gewaltmonopol. Auf dem internationalen Parkett ist die Machtausübung von Regierungen kaum eingeschränkt: Die Einhaltung von Völkerrecht und die Akzeptanz von internationalen Schiedssprüchen ist ein Akt der Freiwilligkeit. Eine effektive Gewaltenteilung und -kontrolle, wie in demokratischen Rechtsstaaten üblich, ist in internationalen Organisationen nicht oder bestenfalls rudimentär angelegt. Es dominieren die Regierungen der Mitgliedstaaten, die von Sekretariaten internationaler Organisationen unterstützt werden. Daraus folgt auch, dass die wesentlichen Entscheidungen in internationalen Organisationen nach dem Prinzip der Einstimmigkeit zwischen den Regierungen der beteiligten Staaten getroffen werden.

Wo lässt sich die EU zwischen Staat und internationaler Organisation einsortieren? Die Mitgliedstaaten der EU sind zweifelsohne «Herren» der Verträge. Über ihre Befugnisse kann die EU nicht wie ein Souverän befinden. Damit die EU tätig werden kann, bedarf es der Zustimmung aller EU-Mitgliedstaaten. Die EU ist zwar nicht souverän, die Mitgliedstaaten haben der EU jedoch im Laufe der Jahrzehnte Entscheidungsbefugnisse übertragen, die für alle Adressaten Bindungswirkung entfalten. Wie in Kapitel II beschrieben, spielen Staaten in der EU natürlich eine wichtige, oft sogar die zentrale Rolle. Doch im Unterschied zu internationalen Organisationen sind die Entscheidungsbefugnisse in der EU nicht exklusiv bei den Regierungen, also im Europäischen Rat oder im Ministerrat, konzentriert. Im tagespolitischen Geschäft teilen Regierungen ihre Macht mit anderen EU-Organen, allen voran dem Europäischen Parlament. Und ohne die Vorschläge der EU-Kommission können Ministerrat und Europäisches Parlament nicht tätig werden. Der Gerichtshof der EU begrenzt die Entscheidungsbefugnisse der Mitgliedstaaten und der anderen EU-Organe, da sich kein EU-Rechtsakt richterlicher Überprüfung entziehen kann. Entscheidungsbefugnisse sind auf unterschiedliche Gewalten aufgeteilt, ähnlich wie in demokratisch verfassten Rechtsstaaten. Im Unterschied zu internationalen Organisationen ist in der EU eine Vielzahl von Akteuren an der Entscheidungsfindung beteiligt, und die meisten Entscheidungen erfordern keine Einstimmigkeit unter den Mitgliedstaaten, sondern bedürfen lediglich einer qualifizierten Mehrheit. Auch wenn die Konsensanforderungen an EU-Entscheidungen hoch sind, ist die EU weit entfernt vom Einstimmigkeitserfordernis internationaler Organisationen.

In diesem Kapitel wurde auch gezeigt, dass das Verhältnis von EU-Recht und nationalem Recht dem Modell eines föderal organisierten Staates nahekommt. EU-Rechtsakte sind für ihre Adressaten, ob Staaten oder Bürgerinnen und Bürger, bindend. Die Einhaltung kann eingeklagt, die Nichteinhaltung sanktioniert werden. Für den Fall, dass EU-Recht mit nationalen Gesetzen oder Verordnungen in Konflikt steht, gilt das Vorrangprinzip, wonach EU-Recht nationales Recht bricht. Dieses Prinzip – ein Merkmal föderal-staatlicher Ordnungen («Bundesrecht bricht Landesrecht») – entfaltet eine weitaus stärkere Bindungswirkung als klassisches internationales Recht.

Legitimationsressourcen. Staaten und internationale Organisationen haben auf Dauer nur Bestand, wenn sie auf die Unterstützung ihrer Bürgerinnen und Bürger respektive ihrer Mitgliedstaaten bauen können. Sie brauchen Legitimation. Für den modernen, liberalen Staat ist das Demokratieprinzip die wichtigste Legitimationsressource. Durch demokratische Verfahren soll sichergestellt werden, dass politische Entscheidungen an den (Mehrheits-)Willen der Bevölkerung rückgebunden sind. Das wesentliche Instrument hierfür sind allgemeine und freie Wahlen. Das setzt wiederum voraus, dass es politische Alternativen gibt, unter denen man auswählen kann. Zur Demokratie gehört daher der (friedliche) Wettstreit politischer Programme und Interessen. Die soziale Akzeptanz und Unterstützung des liberal-demokratischen Staatsmodells speist sich aus der geteilten Überzeugung, dass die Demokratie die beste zur Verfügung stehende Ordnung ist, selbst wenn ich als Bürgerin oder Bürger heute auf der Verliererseite stehe. Im Vergleich zum liberalen Staat ist die zentrale Legitimationsressource internationaler Organisationen die Fähigkeit zur effektiven Problemlösung. Internationale Organisationen werden von Staaten meist zu dem Zweck gegründet, Lösungen für grenzüberschreitende Problemlagen anzubieten. Verlieren sie ihre Effektivität, büßen sie auch ihre Legitimation ein. Internationale Organisationen gründen sich nicht auf das Demokratieprinzip: Es gibt keine direkt gewählten Parlamente oder politische Parteien, die transnationale Interessen vertreten. Die zentralen Akteure sind Regierungen, die ihre Legitimation daraus beziehen, als Repräsentanten ihrer staatlichen Bevölkerungen zu agieren.

Im Unterschied zu internationalen Organisationen besitzt die EU elementare Merkmale einer demokratischen politischen Ordnung. Einerseits repräsentiert die EU, wie auch jede internationale Organisation, Staaten und deren Interessen. Durch das Europäische Parlament, das 1979 erstmalig direkt gewählt wurde, repräsentiert die EU andererseits alle wahlberechtigten Bürgerinnen und Bürger der EU-Mitgliedstaaten. Im Laufe der Jahrzehnte hat sich das Europäische Parlament, wie in diesem Kapitel dargestellt, von einem demokratischen Feigenblatt zu einem einflussreichen Mitgesetzgeber aufgeschwungen. Die EU hat das Primat staatlicher Repräsentation, das idealtypisch für internationale Organisationen steht, durchbrochen. Der Meinungswettbewerb zu den unterschiedlichsten Themen, die auf EU-Ebene verhandelt werden – Migration, Klimaschutz, finanzielle Solidarität mit Krisenstaaten, um nur einige zu nennen –, steht im Kontrast zur Diskussionskultur der meisten internationalen Organisationen, in denen Debatten hinter verschlossenen Türen stattfinden und offizielle Einflusskanäle für die Zivilgesellschaft in der Regel begrenzt sind.

Die Demokratisierung der EU ist keineswegs ein abgeschlossener Prozess. Wie in Kapitel III ausführlich dargestellt wird, ist die Liste der Demokratiedefizite lang. Genannt seien nur die geringe Wahlbeteiligung bei Wahlen zum Europäischen Parlament, die schwach entwickelte europäische politische Öffentlichkeit oder der Versuch politischer Mainstream-Parteien, aus Sorge vor inneren Spaltungstendenzen europäische Themen aus der politischen Debatte herauszuhalten. Im Unterschied zu einem Staat fehlt der EU zudem eine wichtige Legitimationsressource: eine kollektive politische oder gar kulturelle Identität.

Der zentrale politische Bezugs- und Orientierungspunkt der meisten Bürgerinnen und Bürger ist nach wie vor der Nationalstaat mit seinen politischen Institutionen und kulturellen Deutungsangeboten, zu denen die Sprache, das Bildungssystem, aber auch die Massenmedien zählen. Nur ein geringer Anteil an EU-Bürgerinnen und EU-Bürgern identifiziert sich ausschließlich mit der EU als zentralem Identifikationspol. Allerdings identifiziert sich ein großer Anteil an EU-Bürgerinnen und EU-Bürgern sowohl mit der EU als auch mit «ihrem» Nationalstaat, was darauf hindeutet, dass die EU ein für viele Menschen attraktives Identifikationsangebot macht, das nationale Identitäten nicht ersetzt, sondern im Sinne multipler Identitäten ergänzt.

Staatlichkeit statt Staat. Die EU ist nicht souverän, denn sie kann nicht selbst über ihre eigenen Zuständigkeiten befinden. Das liegt allein im Ermessen der Mitgliedstaaten. Über politische Interventionsmöglichkeiten durch Steuer- und Ausgabenpolitiken, wie sie die Mitgliedstaaten besitzen, verfügt die EU nur rudimentär. Ebenso fehlt der EU eine belastbare kollektive Identität, auf die Nationalstaaten in der Regel bauen können. All das spricht zunächst dafür, die EU in die Nähe einer internationalen Organisation zu rücken. Allerdings hat die EU im Laufe ihrer Entwicklung Attribute von *Staatlichkeit* angenommen, ohne danach zu streben, selbst ein Staat zu werden. Die Architektur des politischen Systems der EU ist der eines Staates verblüffend ähnlich. Die EU arbeitet gewaltenteilig, und ihr Entscheidungssystem fußt auf demokratischen und rechtsstaatlichen Prinzipien. Anders als bei internationalen Organisationen sind die Befugnisse der EU umfassend. Es gibt kaum einen Politikbereich, in dem die EU nicht gesetzgeberisch tätig werden kann, was zur Folge hat, dass auch nationale Politik stark *europäisiert* ist: Der Anteil nationaler Gesetze, die einen europäischen Impuls haben (durch die Umsetzung von Richtlinien, Ratsbeschlüssen, Urteilen des Gerichtshofs), übersteigt in manchen Politikbereichen 50% (siehe Tabelle 2). Hierzu zählt beispielsweise die gesamte Binnenmarkt-Gesetzgebung, insbesondere die Koordination nationaler Wirtschafts- und Haushaltspoliti-

Tabelle 2: Europäisierung der bundesdeutschen Gesetzgebung

Anteil europäisierter Bundesgesetze 2009–13	Politikbereiche
<25%	Gesundheit, innere Sicherheit, soziale Sicherung, Steuern
25–50%	Arbeit & Beschäftigung, Bildung & Erziehung, Energie, Kommunikation & Informationstechnologie, Umwelt
>50%	Ausländerpolitik & Zuwanderung, Landwirtschaft & Ernährung, Verkehr, Wirtschaft

(Quelle: Annette Töller, *Europäisierung der deutschen Gesetzgebung. Wissenschaftliches Kurzgutachten*, Hagen 2014.)

ken, die im Zuge der Eurokrise eine Vielzahl nationaler Gesetze nach sich zog. Ebenfalls stark europäisiert ist die Gesetzgebung zu Maßnahmen, die den Binnenmarkt flankieren und korrigieren. Hierzu zählt beispielsweise der Umwelt- und Verbraucherschutz. Die Umsetzung von Marktfreiheiten zieht auch in anderen Politikbereichen Regelungsbedarf nach sich, was sich an der Europäisierung der Innenpolitik bemerkbar macht. So müssen sich verstärkt nationale Asyl- oder Einwanderungspolitik an europäischen Regelungen ausrichten. Die Marktfreiheiten und der Wegfall der EU-Binnengrenzen spiegeln sich zudem in der engen Kooperation nationaler Justiz- und Strafverfolgungsbehörden zur Verbrechensbekämpfung wider. Auch hier hat der nationale Gesetzgeber zunehmend europäische Beschlüsse umzusetzen.

Die EU ist primär ein Regulierungsstaat und kein Interventionsstaat mit eigener Steuerpolitik und weitreichender Umverteilungspolitik. In der Sicherheits- und Verteidigungspolitik, einem Kernbereich staatlicher Souveränität, kann die EU nur tätig werden, wenn sich alle Mitgliedstaaten einig sind. Das soll allerdings nicht darüber hinwegtäuschen, dass die Befugnisse der EU auch in Kernbereichen staatlichen Handelns in den vergangenen Jahren zugenommen haben. Als Antwort auf die sozialen und wirtschaftlichen Folgen der Euro- und Corona-Krise hat die EU nicht nur milliardenschwere Kredite und Hilfspakte verabschiedet, sondern selbst Schulden aufgenommen, um die

Mitgliedstaaten bei der Bewältigung der Krise durch Finanzhilfen zu unterstützen. Im Bereich der Sicherheitspolitik hat die Migrationskrise dazu beigetragen, die Befugnisse der EU im Bereich der inneren und äußeren Sicherheit zu stärken. Staatlichkeit ist kein fixer Zustand, sondern ein dynamischer Prozess. Die EU ist kein Staat, ihre Staatlichkeit hat aber seit ihrer Gründung bedeutend zugenommen. Das letzte Kapitel dieses Buches befasst sich mit zwei Fragen. Wie ist diese Entwicklung hin zu einem Mehr an Staatlichkeit zu erklären? Welche Konsequenzen hat diese Entwicklung für die Stabilität der EU und des EU-Integrationsprozesses?

III. Sogkräfte und Fliehkräfte: Die Dynamik europäischer Integration

Wie lässt sich die Entwicklung des EU-Integrationsprozesses erklären? Die wissenschaftliche Literatur hat sich vor allem mit dem Fortschreiten und der zwischenzeitlichen Stagnation des EU-Integrationsprozesses befasst. Desintegrative Tendenzen oder gar Austritte, wie der Brexit, schienen ein Ding der Unmöglichkeit. Die sogenannten *Intergouvernementalisten* betonen die Zentralität staatlicher Interessen und die relative Verhandlungsmacht der Regierungen, um Phasen von EU-Integration und Stagnation erklären zu können. *Supranationalisten* legen ihr Augenmerk hingegen vor allem auf die integrative Kraft europäischer Akteure wie der EU-Kommission, des Gerichtshofs oder das Europäischen Parlaments. Wie in Kapitel II dargelegt, kann es diesen supranationalen Akteuren mitunter gelingen, EU-Integration auch gegen den Willen der Regierungen voranzutreiben. Dieses abschließende Kapitel nimmt zuerst die *Sogkräfte* europäischer Integration in den Blick und zeigt, dass es neben den Interessen von Regierungen oder EU-Organen *integrationsinhärente* Kräfte gibt, die EU-Integration vorantreiben: Integration bedingt und verstärkt sich aus sich selbst heraus.

Die schnelle Abfolge unterschiedlichster Krisen hat die EU-Forschung allerdings dazu veranlasst, sich intensiver mit den zentrifugalen Kräften von EU-Integration auseinanderzusetzen. Der zweite Teil dieses Kapitels befasst sich daher mit den *Fliehkräften* von EU-Integration. Es soll deutlich gemacht werden, dass der Erfolg von EU-Integration, die fortschreitende Vertiefung und Erweiterung zu Gegenreaktionen führen, die den Status Quo europäischer Integration angreifen und schwächen.

Sogkräfte: Was die Union zusammenhält

In Anbetracht der vielfältigen Krisenepisoden, die die EU und ihre Mitgliedstaaten seit Ausbruch der Eurokrise zu bewältigen haben, erscheint europäische Kooperation und Integration notwendiger denn je. Die EU verhilft den Mitgliedstaaten in einer globalisierten Weltwirtschaft zu Gewicht beim Abschluss von Handels- und Investitionsschutzabkommen. EU-Mitgliedstaaten können der Klimakrise dann besonders effektiv entgegentreten, wenn sie ihre Wirtschafts-, Energie-, und Umweltpolitik gemeinsam im Rahmen der EU koordinieren. Regierungen können ihre Bürgerinnen und Bürger vor internen und externen Bedrohungen durch Terrorismus oder Cyber-Kriminalität nur dann erfolgreich schützen, wenn sie eine gemeinsame Strategie hierfür ausarbeiten und umsetzen. Viele Faktoren sprechen dafür, dass die EU Krisenzeiten übersteht und sogar gestärkt aus ihnen hervorgeht. Die wichtigsten Faktoren, die den Kitt des EU-Integrationsprozesses ausmachen, sollen nun näher betrachtet werden.

Integration als ein sich selbst verstärkender Prozess. Dem europäischen Integrationsprozess wohnt die Tendenz inne, sich selbst zu verstärken: Integrationsschritte ziehen häufig weitere Integrationsschritte nach sich. Die Grundlage für europäische Integration liegt in der geteilten Überzeugung politischer Eliten, dass sich grenzüberschreitende Probleme gemeinsam besser lösen lassen als allein. Umweltverschmutzung, instabile Finanzmärkte oder terroristische Bedrohungen haben gemein, dass sie nicht an staatlichen Grenzen Halt machen. Staaten sind bei der Lösung grenzüberschreitender Probleme voneinander abhängig: Sie sind interdependent. Was für die Verhinderung von Problemen («collective bads») gilt, trifft auch für die Realisierung von Wohlfahrts- oder Sicherheitsgewinnen durch Kooperation zu («collective goods»). Der Abbau von Handelsbeschränkungen ermöglicht die Intensivierung des Warenaustausches zwischen Staaten und fördert Wachstum. Die Abschaffung von Grenzkontrollen fördert Mobilität. Kapitalverkehrsfreiheit zwischen Staaten ist gut für Investitionen. Militärische Zusammenarbeit erhöht die kollektive Sicherheit. Die Intensivierung europäischer Kooperation ist somit eine Antwort auf zwischenstaatliche Interdependenz.

Kooperation selbst kann wiederum die Interdependenz zwischen Staaten vertiefen und weitere Kooperation nach sich ziehen. Der Abbau von Zollschranken lenkt das Augenmerk von produzierenden und exportierenden Unternehmen auf nichttarifäre Handelshemmnisse wie Importquoten, Sicherheitsstandards oder technische Standards, die Produkte erfüllen müssen. Gleichzeitig geraten Prozessstandards, die die Produktion von Produkten betreffen, in das Blickfeld möglicher Kooperationsvorhaben. So sind unterschiedliche Arbeitsschutzstandards ein Hindernis für den freien Warenverkehr, da sie den Wettbewerb verzerren. Daraus ergibt sich die Forderung von Freihandels- und Liberalisierungsbefürwortern, Kooperation zur Angleichung von Standards zu intensivieren. In den späten achtziger und frühen neunziger Jahren war es vor allem die Kommission, die auf die ökonomischen Vorteile einer gemeinsamen Währung in einem gemeinsamen Wirtschaftsraum hinwies: Damit sich der Nutzen von Integration entfalten kann, bedarf es zusätzlicher Integration.

Der Politikwissenschaftler Ernst B. Haas erkannte bereits in den fünfziger Jahren dieses «spillover»-Potenzial anfänglicher Integrationsschritte: Kooperation «schwappt» auf benachbarte Politikbereiche «über». Die Ankurbelung der Industrieproduktion durch Kooperation in den Kohle- und Stahlsektoren im Rahmen der EGKS sollte der Grundstein für einen gemeinsamen

Markt, die EWG, sein. Ebenso sollte mit der parallelen Gründung der Europäischen Atomgemeinschaft (Euratom) ein möglicher Stolperstein der Marktintegration, die externe Abhängigkeit von Energieimporten, durch den gemeinsamen Ausbau der Kernenergienutzung aus dem Weg geräumt werden. Gemäß dieser Lesart ist die Vertiefung europäischer Integration das Ergebnis einer funktionalen Expansionslogik: Integrationsschritte fördern neue Probleme zutage, die wiederum neue Kooperationsmöglichkeiten eröffnen, *ad infinitum*.

Diese Expansionslogik europäischer Integration ist jedoch kein Determinismus. Es bedarf der Mobilisierung durch interessierte Akteure, wie beispielsweise Unternehmen, die von einem Abbau von Handelsschranken profitieren, oder Interessengruppen wie Umweltschutzverbände, die gemeinsame Umweltstandards fordern. Nur sie können dem Ruf nach mehr Integration politisches Gehör verschaffen. Nicht selten finden Forderungen, den Flickenteppich nationaler marktverzerrender Regelungen durch einheitliche europäische Regelungen zu ersetzen, Unterstützung durch die Kommission. Darüber hinaus hat sich der EU-Gerichtshof, wie im vorigen Kapitel dargestellt, zu einem Motor des europäischen Integrationsprozesses aufgeschwungen, der neben der Marktintegration auch benachbarte Politikbereiche unter die Fittiche seiner Rechtsprechung genommen hat. Die Rechtsprechung des Gerichtshofs spielt beispielsweise eine zentrale Rolle bei der Ausweitung der sozialen Rechte von Unionsbürgerinnen und -bürgern, die über die Logik der Nichtdiskriminierung von Arbeitnehmerinnen und Arbeitnehmern hinausgeht. Während die Rechtsprechung des Gerichtshofs bei den Befürwortern eines sozialen und solidarischen Europas Zustimmung fand, gab es gleichsam auch kritische Stimmen. Nationale Sozialsysteme, so eine Befürchtung, könnten durch «Armutsmigration» über kurz oder lang überfordert werden. Aber auch politische Kampfbegriffe wie «Sozialtourismus» oder Phrasen wie «Kein Arbeitslosengeld für alle» fanden unter anderem in Deutschland Eingang in die politische Debatte und Wahlkampfrhetorik. Dieses Beispiel zeigt, dass die Sogwirkung, die von der Marktintegration ausgeht, durch politischen Aktivismus auch überdehnt werden und – wie weiter unten ausgeführt – politischen Widerstand erzeugen kann.

Krisen als Integrationsbeschleuniger. Krisen sind Episoden, in denen sich Interdependenzen zwischen Staaten verdichten und der Problemdruck gemeinsames Handeln gleichsam unumgänglich zu machen scheint, um größeren Schaden abzuwenden. Die Eurokrise ist ein Paradebeispiel hierfür. Die deutsche Bundeskanzlerin Angela Merkel bezeichnete 2010 in einer Rede vor dem Bundestag den Euro-Rettungsschirm, mit dem hoch verschuldete Mitgliedstaaten der Eurozone finanziell unterstützt werden sollten, als «alternativlos». Bei der Ausgestaltung der Wirtschafts- und Währungsunion Anfang der neunziger Jahre war die Idee, dass die zukünftigen Euro-Mitgliedstaaten für verschuldete Mitglieder Finanzhilfen bereitstellen, noch ein Tabu. Insbesondere die deutsche Bundesregierung, vertreten durch Finanzminister Theo Waigel, forderte seinerzeit mit Erfolg, dass es keine kollektive Haftung für die Schulden einzelner EU-Mitgliedstaaten geben dürfe und sich jeder Mitgliedstaat zu einer Politik gesunder Staatsfinanzen verpflichten müsse. Die Vehemenz, mit der die Schuldenkrise Griechenland traf, sich auf weitere Staaten der Eurozone ausdehnte und schließlich den Euro unter Druck setzte, führte zu einer beispiellosen Vertiefung der Wirtschafts- und Währungsunion, die Anfang der neunziger Jahre noch undenkbar war. Mit dem ESM wurde ein dauerhafter finanzieller Rettungsschirm aufgespannt, der über mehr als 700 Milliarden Euro Stammkapital verfügt und umfangreiche Finanzhilfen für hoch verschuldete Staaten auf Kreditbasis zur Verfügung stellen kann. Neben dem ESM wurde eine «Bankenunion» ins Leben gerufen, um Großbanken und Finanzmärkte zu stabilisieren. Zudem wurde die EU darin gestärkt, Sanktionen gegen Staaten verhängen zu dürfen, die wirtschaftliche Stabilitätskriterien verletzen. Kurzum: Die Eurokrise war ein Integrationskatalysator. Die Angst vor dem finanziellen und wirtschaftlichen Abgrund führte zu der raschen Einsicht, dass eine Reform der Wirtschafts- und Währungsunion geboten sei, die selbst vormals heilige Kühe zur Debatte stellte.

Trotz der Bereitschaft, Kredite in noch nie dagewesenem Umfang zu ermöglichen, machte die EU letztlich einen Bogen um «Eurobonds» und schloss eine gemeinsame Schuldenhaftung aus. Eine von den wirtschaftlich und finanziell besser aufgestellten Staaten, allen voran der Bundesrepublik und den Niederlanden, oft vorgebrachte Kritik an Eurobonds war, dass die Krisenstaaten durch die Vergemeinschaftung von Schulden ohne Gegenleistung kaum einen Anreiz hätten, notwendige Reformen zur Verbesserung ihrer Staatsfinanzen durchzuführen. Das gleiche Argument wurde von der Gruppe der sogenannten «Frugalen Vier» vorgebracht, als es um die Ausgestaltung des Corona-Wiederaufbaufonds ging, mit dem die durch die Corona-Krise gebeutelten Volkswirtschaften der EU-Mitgliedstaaten wieder angekurbelt werden sollten. Während die «Frugalen Vier», die Regierungen Österreichs, der Niederlande, Dänemarks und Schwedens, keine Vergemeinschaftung von Schulden wollten, sondern Finanzhilfen auf der Basis rückzahlungspflichtiger Kredite befürworteten, forderten die deutsche und französische Regierung die Bereitstellung von nicht rückzahlungspflichtigen Hilfsgeldern. Zu diesem Zweck sollte die Kommission Schulden aufnehmen; die Haftung liegt dann bei den EU-Mitgliedstaaten. Im Dezember 2020 einigten sich die Mitgliedstaaten bei einem Gipfeltreffen des Europäischen Rats auf ein 750 Milliarden Euro schweres, befristetes Konjunkturpaket, das zu 390 Milliarden Euro aus nicht rückzahlbaren Zuschüssen und zu 360 Milliarden Euro aus Krediten besteht. Die Corona-Krise hat gewissermaßen den Bann gebrochen, weil die EU nun erstmalig Schulden aufnimmt und gemeinsam dafür haftet.

Warum hat gerade die Bundesregierung, die sich wenige Jahre zuvor noch dezidiert gegen eine gemeinsame Schuldenhaftung – Kritiker benutzen gerne den Begriff «Transferunion» – und gegen Finanzhilfen ohne Gegenleistung der Empfängerstaaten ausgesprochen hat, eine derartige Kehrtwende vollzogen? Warum hat sie sich von den «Frugalen Vier» abgewendet? Eine These folgt dem in diesem Abschnitt vorgebrachten Argument, dass Interdependenz Staaten verwundbar macht und Krisen den Problemdruck zum Handeln erhöhen: Die Abhängigkeit der deutschen Volkswirtschaft vom Export, von innereuropäischen Handelsströmen und Lieferketten bedeutet, dass der pandemiebedingte Rückgang der Nachfrage nach deutschen Exportgütern in anderen EU-Staaten einschneidende Konsequenzen für die deutsche Wirtschaft und den Arbeitsmarkt nach sich ziehen könnte. Wie die Eurokrise verdeutlicht auch die Corona-Krise, dass durch wirtschaftliche Verflechtungen – enge Handelsbeziehungen, integrierte Produktionsketten, grenzüberschreitende Investitionen – jeder EU-Staat in Krisen hochgradig verwundbar ist. Die politische Antwort auf zunehmenden Problemdruck ist in der Euro- ebenso wie in der Corona-Krise die Vertiefung der EU-Integration: mitunter unbeabsichtigt, teilweise politisch ungewollt, aber notwendig, um die Marktintegration nicht aufs Spiel zu setzen.

Öffentliche Unterstützung trotz(t) Krisen. Eine politische Ordnung ist umso stabiler, je mehr sie von der Bevölkerung unterstützt wird. David Easton unterscheidet zwei Typen: diffuse und spezifische Unterstützung. *Spezifische* Unterstützung betont die Problemlösungsfähigkeit und Leistungsfähigkeit eines politischen Systems: Je zufriedener die Bevölkerung mit den Herrschaftsverantwortlichen und deren Fähigkeit ist, drängende Probleme anzugehen und zu lösen, desto ausgeprägter ist die Unterstützung für die politische Ordnung. Demgegenüber betont *diffuse* Unterstützung die Überzeugung von der Legitimität der politischen Ordnung, selbst wenn Bürgerinnen und Bürger mit politischen Entscheidungen der Herrschenden und den Ergebnissen von Politik unzufrieden sind. Je stärker das Vertrauen in die politische Ordnung ist, desto eher kann man darüber hinwegsehen, dass die Politik nicht die Ergebnisse liefert, die man sich erwünscht. Die Identifikation mit der eigenen politischen Ordnung ist, wie im vorigen Kapitel erläutert, eine wichtige Legitimitätsressource für den Nationalstaat. Für die meisten Menschen sind die zentralen politischen und kulturellen Bezugsgrößen der Staat mit seinen politischen Institutionen und die Nation mit ihren kulturellen Symbolen und ihrer sprachlichen, medialen und kulturellen Infrastruktur. Auch wenn es der EU an staatlichen Merkmalen nicht mangelt (siehe Kapitel II), fehlt ihr der nationale Bezugsrahmen.

Was bedeutet das nun für die Stabilität der EU? In dem Maße in dem es der EU an diffuser Unterstützung mangelt, ist es für sie umso wichtiger, als effektiver Problemlöser wahrgenommen zu werden. Wie ist es um die spezifische und diffuse Unterstützung der EU bestellt? Die in regelmäßigen Abständen durchgeführten repräsentativen Eurobarometer-Umfragen liefern zu diesen Fragen interessante Informationen. Wird die EU von den Bürgerinnen und Bürgern als effektiver Problemlöser wahrgenommen? Wünschen sie sich gar, dass die EU mehr Zuständigkeiten und Gestaltungsmöglichkeiten bekommen soll, um mehr Einfluss auf Politikentscheidungen nehmen zu können?

Laut einer Eurobarometer-Umfrage aus dem Jahr 2018 wünscht sich die Mehrheit der EU-Bürgerinnen und Bürger (56%) mehr Entscheidungsbefugnisse auf EU-Ebene, während sich ein Drittel (34%) dagegen ausspricht. Unter den sechs Gründungsmitgliedern der Gemeinschaft ist die Unterstützung für eine Ausweitung europäischer Entscheidungsbefugnisse überdurchschnittlich hoch, ebenso unter den südeuropäischen und bei der Mehrheit der osteuropäischen Mitgliedstaaten. In den skandinavischen Mitgliedsländern und in Staaten mit stark verbreitetem Euroskeptizismus findet die Ausweitung von Entscheidungsbefugnissen auf EU-Ebene hingegen mehrheitlich Widerspruch. Die spezifische Unterstützung für ein politisches System lässt sich des Weiteren an der Unterstützung für konkrete Politikbereiche festmachen. Die Wirtschafts- und Währungsunion ist ein Politikbereich, mit dem die allermeisten Bürgerinnen und Bürger konkrete Erfahrungen verbinden, sei es durch den Gebrauch der gemeinsamen Währung oder durch die sozialen und wirtschaftlichen Folgen der Eurokrise. So könnte man vermuten, dass durch die Eurokrise die Zustimmung zur Währungsunion und zum Euro in der Bevölkerung gelitten haben müsste. In der Tat hat die Unterstützung des Euro zu Beginn der Krise in der EU insgesamt abgenommen: in den am stärksten von der Krise betroffenen Staaten wie Griechenland und Italien sogar massiv. Insgesamt ist die Unterstützung der gemeinsamen Währung in den «Schuldnerstaaten» des Südens schwächer als in den «Gläubigerstaaten» des Nordens, und sie ist insgesamt stärker unter den Staaten der Eurozone als unter den Nichtmitgliedern. Beides ist wenig verwunderlich, da die «Schuldnerstaaten» unter den Anpassungsprogrammen von EU und IWF starke soziale und wirtschaftliche Einschnitte hinnehmen mussten und die außenstehenden EU-Staaten im Angesicht der Krise wohl eher Erleichterung verspürten, kein Mitglied der Eurozone zu sein. Trotz dieser Unterschiede haben sich die Zustimmungswerte für den Euro nach Ausbruch der Krise zügig erholt. Zum Ende der Krisendekade sind sie sogar so hoch wie noch nie. Das Krisenjahrzehnt hat dem Bild der EU als effektivem Problemlöser augenscheinlich keinen Abbruch getan. Vielerorts sind die Erwartungen an die EU, sich sozialer und ökonomischer Globalisierungsprobleme anzunehmen, eher noch gewachsen. Trotz der negativen Erfahrungen durch die Eurokrise ist die Unterstützung für eine EU, die umfangreiche Gestaltungsbefugnisse besitzt, in südeuropäischen Mitgliedstaaten nach wie vor sehr hoch. Das gleiche gilt für das Gros osteuropäischer Mitgliedstaaten. Ein Grund hierfür ist sicherlich, dass das Vertrauen in die Problemlösungsfähigkeit nationaler Institutionen eher schwach ausgeprägt ist und sich die Bürgerinnen und Bürger von der EU eher Lösungen erhoffen als von ihren eigenen Regierungen.

Wie steht es um die allgemeine Akzeptanz – die diffuse Unterstützung – der EU? Seit der ersten Eurobarometer-Erhebung aus dem Jahr 1973 hat sich die Befürwortung der EU-Mitgliedschaft wellenartig entwickelt. In den frühen achtziger Jahren fiel die öffentliche Unterstützung der damaligen EG auf unter 50%, was nicht zuletzt politischen Integrationsblockaden auf europäischer Ebene geschuldet war. Mit dem Binnenmarktprogramm und dem Fall des Eisernen Vorhangs setzte ein wahrer Europa-Enthusiasmus ein: Fast 70% der EU-Bürgerinnen und EU-Bürger befürworteten die Mitgliedschaft ihres jeweiligen Landes in der EU (siehe Abbildung 2). Das Bild wandelte sich in den neunziger Jahren, die die Abkehr vom sogenannten «permissiven Konsens» versinnbildlichen. Die Politikwissenschaftler Leon Lindberg und Stuart Scheingold prägten 1970 diesen Begriff,

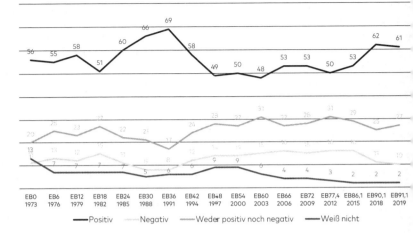

Abb. 2: Bewertung der EU-Mitgliedschaft (Quelle: Eurobarometer)

der einen Zustand stillschweigender Zustimmung der europäischen Bevölkerungen zum europäischen Integrationsprojekt beschreibt. Solange das europäische Projekt die Lebenswirklichkeit der Bürgerinnen und Bürger nicht direkt (oder zumindest nicht negativ) beeinflusste, hatte die Politik weitgehend freie Hand in europapolitischen Angelegenheiten. Das änderte sich schlagartig mit dem Vertrag von Maastricht, der eine grundlegende Reform der Architektur der EU nach sich zog: Die Pläne für eine Wirtschafts- und Währungsunion, eine Gemeinsame Außen- und Sicherheitspolitik, die Einführung einer Sozialcharta oder die Ausweitung von EU-Entscheidungskompetenzen auf Bereiche der Innen- und Justizpolitik waren in vielen Mitgliedstaaten höchst umstritten. Langwierige Ratifikationsprozesse, durch Referenden erschwert, führten unter anderem dazu, dass die Befürwortung der EU-Mitgliedschaft Mitte der neunziger Jahre unter die 50%-Marke fiel. Auch wenn sich die Zustimmungswerte zur Jahrtausendwende etwas erholten, blieben die Akzeptanzwerte aus der Zeit vor Maastricht stets unerreicht. Es überrascht daher umso mehr, dass die Unterstützung der EU-Mitgliedschaft zum Ende des Krisenjahrzehnts europaweit mit ca. 60% einen vergleichsweise hohen Wert erreichte.

Trotz starker nationaler Unterschiede verdeutlichen diese vergleichsweise hohen Zustimmungswerte, dass die öffentliche Unterstützung für die EU kein reines Schönwetterphänomen ist. Gerade in Krisenzeiten zeigt sich für viele der Wert der EU. Im Vergleich zum Vertrauen, das man nationalen politischen Institutionen entgegenbringt, schneidet die EU dann doch nicht so schlecht ab. Krisenbedingter Alarmismus, dass der EU die öffentliche Unterstützung wegbrechen würde, ist somit fehl am Platz. Der EU wird nach wie vor ein hohes Maß an Problemlösungsfähigkeit attestiert. Nationale und regionale, aber auch individuelle Unterschiede zeigen allerdings ein differenzierteres Bild: Ein Auseinanderdriften der öffentlichen Unterstützung, wie wir es beispielsweise während der Eurokrise zwischen «Schuldner-» und «Gläubigerländern» beobachten konnten, kann auf Dauer durchaus destabilisierend auf die EU wirken.

Fliehkräfte: Was die Union zu spalten droht

In der Eurokrise konnte die EU ein Auseinanderbrechen der Eurozone vorerst verhindern; die Migrationskrise ist hingegen noch lange nicht überwunden, solange auf EU-Territorium und an den Außengrenzen der EU humanitäre Katastrophen stattfinden. Eine dringend notwendige Reform des europäischen Asylsystems steht nach wie vor aus. Wären diese Krisen nicht schon Herausforderung genug, durchlebt die EU zudem eine Glaubwürdigkeits- und Wertekrise. Sie muss sich die Frage gefallen lassen, ob sie der systematischen Verletzung von Rechtsstaatlichkeit und Demokratie in ihrer Mitte, durch die PiS- und FIDESZ-Regierungen in Polen respektive Ungarn, nichts entgegenzusetzen hat. Keine Krise wird als Krise geboren. Krisen werden zu Krisen gemacht. Damit eine Krise zur Krise wird, bedarf es zuvorderst einer Perforation bestehender sozialer, ökonomischer oder politischer Verhältnisse, die die bestehende Ordnung herausfordert. Dadurch werden Krisenerzählungen erst plausibel. Die «Fliehkräfte» des Integrationsprozesses – soziale, ökonomische und politische Transformationsdynamiken – verhalten sich wie tektonische Platten, die sich nur langsam verschieben und ineinander verhaken. Nicht selten entladen sie sich in Krisen, die – Erdbeben gleich – das Fundament der EU ins Wanken bringen.

Die Janusköpfigkeit der Politisierung. Das Ende des «permissiven Konsenses», der stillschweigenden Zustimmung der Bürger zum EU-Integrationsprozess, ist ein solch langwieriger Prozess, der dem Verschieben einer tektonischen Platte ähnelt. Er endete nicht schlagartig mit dem Vertrag von Maastricht. Maastricht symbolisiert vielmehr einen Meilenstein auf dem Weg der fortschreitenden *Politisierung* der EU. Die EU reguliert nicht mehr nur wirtschaftliche Austauschprozesse; ihre Befugnisse tangieren zunehmend die Lebenswirklichkeit ihrer Bürger: Der Zank um die Euro-Einführung, der Streit über eine Vertiefung der Zusammenarbeit in der Asyl- und Migrationspolitik, die kontroverse Diskussion über eine europäische Verteidigungsidentität, der umstrittene EU-Beitritt der Türkei führen vor Augen, dass eine Intensivierung politischer Auseinandersetzungen, die sich im Kern um EU-Politik drehen, politischer Alltag geworden ist.

Die Politisierung der EU lässt sich an mehreren Merkmalen festmachen. Erstens wird EU-Politik für die Bürger *erfahrbarer* und *sichtbarer*: Der Euro wird zum Zahlungsmittel; Staaten müssen ihre öffentlichen Ausgaben drosseln oder Reformen durchführen, weil sie sich an den Euro-Stabilitätskriterien zu orientieren haben; die EZB treibt manchen Sparerinnen und Sparern die Zornesröte ins Gesicht, weil durch niedrige Leitzinsen Sparguthaben an Wert verlieren; außerhalb des deutschsprachigen Teils der EU werden die durch die Eurokrise bedingten Reformmaßnahmen als entmündigend, wenn nicht sogar als entwürdigend empfunden. Ein zweites Merkmal von Politisierung ist die zunehmende *Polarisierung* von Meinungen in der Öffentlichkeit. EU-Politik wird nicht nur erfahrbarer und sichtbarer, sondern auch umstrittener. In der Eurokrise treffen Befürworter harter Sparprogramme für die überschuldeten Eurostaaten auf Widerstand von Befürwortern gemeinsamer Finanzhilfen in der Form von Eurobonds. In der Migrationskrise prallten «Willkommens-» und «Abschottungskultur» innerhalb und zwischen EU-Mitgliedstaaten aufeinander. In der Corona-Krise scheiden sich die Geister: Ist eine gemeinsame europäische Beschaffungsstrategie für den Impfstoff der richtige Weg oder wären nationale Alleingänge vielversprechender gewesen? Drittens meint Politisierung eine zunehmende *Mobilisierung* politischer Kräfte, die sich in europapolitischen Fragen zu Wort melden. Indem EU-Politik Gegenstand öffentlicher Auseinandersetzungen wird, müssen sich politische Parteien zu europapolitischen Fragen klar positionieren und dem Wahlvolk ein Angebot machen. Wenn sie das versäumen oder das Angebot die Nachfrage nicht bedient, öffnet sich eine Tür für Parteien, die europapolitische Themen in den Vordergrund stellen und Wählerinnen und Wählern ein Angebot machen, das auf Resonanz stößt. Als besonders erfolgreich bei der Mobilisierung von Wählerinnen und Wählern erweisen sich vor allem in europäischen Krisenzeiten Parteien, die sich ein europaskeptisches Programm ins Schaufenster stellen.

Die 2013 gegründete Alternative für Deutschland (AfD) bot mit ihrer Ablehnung des Euro und der Forderung nach einer Rückkehr zu einer marktliberalen Wirtschaftsgemeinschaft eine europapolitische Alternative zur Programmatik der als «Altparteien» gescholtenen Kräfte an. Es dauerte nicht lange, bis die Gründungsriege um den Ökonomen Bernd Lucke vom nationalkonservativen Flügel der Partei abgelöst wurde, der wiederum vom nationalistischen, ausländer- und europafeindlichen «Flügel» in die Zange genommen wurde. 2015 nannte der damals noch stellvertretende AfD-Bundessprecher Alexander Gauland die Migrationskrise ein «Geschenk» für die AfD. Die Partei profitierte in der Tat von ihrer Politik, Geflüchtete als Bedrohung zu stigmatisieren und eine Politik der nationalen Abschottung einer europäischen Lösung vorzuziehen. In anderen EU-Staaten fanden europaskeptische und europafeindliche Parteien im Zuge der Euro- und Migrationskrise ebenfalls verstärkt Zulauf. Bei den Wahlen zum Europäischen Parlament 2014 und 2019 konnten europaskeptische und -feindliche Parteien erhebliche Zugewinne verbuchen. Im Europäischen Parlament ist die Fraktion «Identität und Demokratie», ein Bündnis aus radikal rechtspopulistischen Parteien, dem unter anderem die italienische Lega, der französische Rassemblement National, die österreichische FPÖ sowie die deutsche AfD angehören, mittlerweile die viertstärkste Fraktion.

Mit der Politisierung sind europaskeptische oder gar europafeindliche Stimmen zahlreicher und lauter geworden. Die Politisierung der EU ist für sich genommen noch kein Indikator dafür, dass es um die EU schlecht bestellt ist oder sie unter Auflösungserscheinungen leidet. Die Politisierung der EU ist wie ein Januskopf: Einerseits wohnt ihr ein Potenzial zur Demokratisierung inne, andererseits kann durch sie die Akzeptanz der EU als politische Ordnung untergraben werden. Für den Politikwissenschaftler Michael Zürn bedeutet Politisierung die Herstellung einer politischen Öffentlichkeit, in der unterschiedliche Standpunkte kontrovers debattiert werden. Politisierung schafft damit die Voraussetzungen, die für demokratisches Regieren notwendig sind. Demokratische Teilhabe und Kontrolle können nämlich nur dann effektiv funktionieren, wenn politische Themen und Meinungen sichtbar gemacht und in der medial vermittelten Öffentlichkeit verhandelt werden. Politisierung fördert politischen Wettbewerb, verdeutlicht Alternativen und schafft einen Anreiz zur Beteiligung. Wettbewerb mit politischen Alternativen reicht für eine funktionierende Demokratie noch nicht aus. Er muss sich in praktische Politik übersetzen lassen. Wenn Bürgerinnen und Bürgern politische Alternativen nur präsentiert werden, ihre Stimmen aber keinen Unterschied für die Ausgestaltung europäischer Politik machen, dann verpufft das Demokratisierungspotenzial von Politisierung. Dieses Potenzial kann sich auch nur dann entfalten, wenn Wählerinnen und Wähler, Parteien, Abgeordnete und Regierungen die EU als politische Ordnung grundsätzlich akzeptieren. Politischer Wettbewerb wird sonst zum Systemkonflikt: Auseinandersetzungen kreisen dann nicht darum, wie EU-Politik ausgestaltet werden soll, sondern um die viel grundlegendere Frage, was die EU überhaupt soll. Wer der EU die Daseinsberechtigung abspricht, verweigert ihr auch die demokratische Legitimation. Politisierung verpufft dann nicht nur; sie wird zu einer desintegrativen Kraft.

Das europäische Demokratiedefizit. Wie demokratisch oder demokratiefähig ist die EU? Einiges spricht dafür, dass die demokratische Qualität der EU in den Jahrzehnten ihrer Existenz große Sprünge nach vorn gemacht hat. Im Fokus der Demokratisierungsbestrebungen steht zuvorderst das Europäische Parlament, in dem zu Beginn abgesandte Abgeordnete aus nationalen Parlamenten tagten. Seit 1979 wird das Europäische Parlament direkt gewählt, was zur Stärkung der Legitimation europäischer Politik allgemein und der Institution im Speziellen beitragen sollte. Sukzessive Vertragsreformen haben zur Aufwertung und Ausweitung der Entscheidungsbefugnisse des Parlaments geführt (siehe Kapitel II). EU-Bürgerinnen und EU-Bürger werden nicht nur indirekt über die Vertreterinnen und Vertreter ihrer Regierungen im Europäischen Rat oder im Ministerrat vertreten, sondern auch auf direktem Wege durch Abgeordnete im Europäischen Parlament. Neben Wahlrecht und Repräsentation ist eine weitere Voraussetzung für eine funktionierende Demokratie – wie bereits beschrieben – politischer Wettbewerb zwischen Opposition und Regierung.

Wie kann politischer Wettbewerb in einem Mehrebenensystem wie der EU funktionieren, in dem sich die Rollen von Opposition und Regierung nicht ohne weiteres herausbilden können? Vom Politikwissenschaftler Peter Mair stammt die These, dass die EU keine politische Arena bietet, in der sich Opposition organisieren lässt und Politikalternativen adäquat artikuliert werden können. Die EU leidet, wenn man so will, unter einem Oppositions- beziehungsweise politischen Wettbewerbsdefizit. Warum ist das der Fall? Europäische Politik kann über zwei Einflusskanäle gestaltet werden. Erstens können Bürgerinnen und Bürger durch die Wahlen zum Europäischen Parlament auf europäische Politik einwirken. Zweitens kann über nationale Parlamente und die aus Parlamentswahlen hervorgehenden Regierungen Einfluss auf EU-Politik ausgeübt werden. Das klingt erst einmal demokratisch vielversprechend, denn zwei Kanäle politischer Einflussnahme – ein nationaler und ein europäischer – scheinen besser als einer. Jeder Einflusskanal bezieht sich auf bestimmte politische Entscheidungen. EU-Tagespolitik wird primär durch den «europäischen» Einflusskanal abgewickelt – unter Beteiligung der Kommission, des Parlaments und der Regierungsvertreter im Rat –, während die «großen» Fragen nach der Verfasstheit der EU (beispielsweise: Welche Kompetenzen sollen auf die EU-Ebene übertragen werden?) nach wie vor von nationalen Regierungen entschieden und von nationalen Parlamenten ratifiziert werden müssen (siehe Kapitel II).

Wo liegt nun das Problem? Wenn politischer Wettbewerb – der Streit über alternative Politikangebote – effektiv sein soll, müsste auf dem europäischen Einflusskanal über Probleme debattiert werden, für die das Europäische Parlament zuständig ist, also über die Inhalte und Ausrichtung europäischer Tagespolitik: von Fragen zur Liberalisierung von Dienstleistungen über Maßnahmen zur Reduktion von Emissionen bis hin zu Regelungen für genetisch modifizierte Lebensmittel. In der Tat sind politische Auseinandersetzungen über diese Themen im Europäischen Parlament für kundige Beobachter nichts Neues. *Innerhalb* des Europäischen Parlaments funktioniert politischer Wettbewerb bestens, er wird *außerhalb* des Brüsseler Orbits jedoch nur begrenzt registriert. EU-Tagespolitik findet heute häufiger den Weg in nationale Medienberichterstattung als früher, im politischen Wettbewerb um Stimmen gehen diese Themen aber meist unter. Paradoxerweise spielen genau die Themen, die auf europäischer Ebene Tag für Tag entschieden werden, bei den Wahlen zum Europäischen Parlament oft nur eine geringe Rolle. Stattdessen stehen Europawahlen im Zeichen von Inhalten, für die das Europäische Parlament keine Entscheidungsbefugnis hat: Soll sich die EU bei der Terrorismusbekämpfung stärker engagieren? Soll ein EU-weiter Mindestlohn eingeführt werden? Soll die EU stärker in Bildung investieren? Sollen mit deutschem und niederländischem Geld griechische Schulden (beziehungsweise die Schulden deutscher Großbanken) finanziert werden? Die Abgeordneten des Europäischen Parlaments haben sicherlich vielfältige Antworten auf diese Fragen; darüber befinden können jedoch nicht sie, sondern nur nationale Parlamente und nationale Regierungen. Wahlkämpfe zur Europawahl sind daher in erster Linie nationale Angelegenheiten, bei denen nationale Themen und Köpfe hoch im Kurs sind.

Europawahlen werden daher auch als «Nebenwahlen» (Karlheinz Reif und Hermann Schmitt) bezeichnet, bei denen es eben nicht darum geht, wer nach der Wahl eine Mehrheit organisieren kann, um Regierungsverantwortung zu übernehmen, wie das beispielsweise bei einer Bundestagswahl der Fall ist. Für Wählerinnen und Wähler ist es oft unklar, welche politischen Konsequenzen sich aus der Zusammensetzung des Europäischen Parlaments ergeben. Nebenwahlen zeichnen sich auch durch eine geringere Wahlbeteiligung aus als beispielsweise nationale Parlamentswahlen. Parteien, die auf nationaler Ebene in Regierungsverantwortung sind, werden in «Nebenwahlen» häufig abgestraft, während Oppositionsparteien und kleinere Parteien Stimmen dazugewinnen. Wenn eine Wahl als weniger relevant betrachtet wird, wählt man eher mit dem «Herz» oder mit dem «Stiefel», als sich Gedanken darüber zu machen, wie die eigene Stimme die Regierungsbildung beeinflusst.

Seit der ersten Direktwahl 1979 hat die Wahlbeteiligung bei den Europawahlen bis 2014 stetig abgenommen, von 62 % auf 42 %. 2019 stieg die Wahlbeteiligung seit 1999 erstmals wieder an. Sie lag bei knapp über 50 %. Versuche, Europawahlen vom «Nebenwahl»-Ruf zu befreien, gab es viele. Die Ausweitung der Befugnisse des Europäischen Parlaments in den vergangenen Jahrzehnten ist beispiellos – die Wahlbeteiligung nahm trotzdem ab und nicht zu. Während im Europäischen Parlament die Fraktionen im besten demokratischen Sinne über EU-Tagespolitik streiten und Gesetze verabschieden, ist die europäische Arena nach wie vor hermetisch von der nationalen abgeschottet. Eine Neuerung im Vertrag von Lissabon sollte einen Weg eröffnen, beide Arenen miteinander zu verzahnen, um die Bedeutung der Europawahlen zu steigern. Die Parlamentswahl sollte sichtbare Konsequenzen haben, sie sollte nämlich die Nominierung des Kommissionspräsidenten bzw. der Kommissionsprädentin, also die personelle Besetzung des wichtigsten Exekutivamts auf europäischer Ebene, präjudizieren (siehe Kapitel II). Zu diesem Zweck kürten die europäischen Parteifamilien eigens für die Europawahl *Spitzenkandidatinnen und -kandidaten*, die – für Wählerinnen und Wähler sichtbar – um das Amt des Kommissionspräsidenten konkurrieren sollten. Diese Neuerung kam bei den Europawahlen 2014 erstmals zur Anwendung. Die Erwartungen an den Spitzenkandidatenprozess waren hoch: Gelingt die Verzahnung europäischer und nationaler Politikarenen? Führt ein personalisierter Wahlkampf zu einer höheren Wahlbeteiligung? Wird Wählerinnen und Wählern durch die politische Auseinandersetzung zwischen Spitzenkandidatinnen und -kandidaten klar, dass es bei Europawahlen auch wirklich um etwas geht?

Die Forschung zeigt, dass der Spitzenkandidatenprozess bestenfalls geringfügige Effekte auf die Wahlbeteiligung hatte. Das Spitzen-Personal war meistens nur in den Herkunftsländern wirklich bekannt, und in vielen Staaten waren nationale Köpfe (und Themen) nach wie vor wichtiger als europäische. Zur Makulatur wurde der Spitzenkandidatenprozess bei den Europawahlen 2019. Aufgrund interner Zwistigkeiten übergingen die Staats- und Regierungsoberhäupter den siegreichen Spitzenkandidaten der EVP, Manfred Weber, und kürten mit der Unterstützung einer knappen Mehrheit des Europäischen Parlaments Ursula von der Leyen – eine Nicht-Spitzenkandidatin – als Kommissionspräsidentin. Vertrauen in die Demokratiefähigkeit europäischer Politik wird auf diese Weise wohl eher ab- als aufgebaut.

Was auf den ersten Blick als Paradox erscheint, eine sinkende und insgesamt niedrige Wahlbeteiligung bei Europawahlen trotz stetigem Kompetenzzuwachs des Europäischen Parlaments, wird nun verständlicher: Wenn nicht klar ist, wofür oder für wen ich meine Stimme abgebe, warum dann überhaupt wählen gehen? Und wenn ich wählen gehe, dann liegt es doch nahe, eher aus dem Bauch heraus – also aus Protest – und weniger mit dem Kopf zu wählen.

Die Tabuisierung Europas. Wenn politischer Wettbewerb auf europäischer Ebene von der nationalen Politikarena abgekoppelt bleibt, kann dann wenigstens politischer Wettbewerb über EU-Themen in der nationalen Politikarena demokratische Abhilfe schaffen? Regierungen sind für die Ausgestaltung des EU-Integrationsprozesses ausschlaggebend. Können wir deshalb erwarten, dass es in nationalen Parlamentsdebatten, Wahlkämpfen und in der medialen Öffentlichkeit ein gesundes Ringen um die Zukunftsfragen europäischer Politik gibt? In der Tat ist zu beobachten, dass europäische Themen in der nationalen Politikarena an Bedeutung gewinnen. Die Politisierung der EU ist Realität. Die Konsequenzen, die sich aus der Politisierung für politischen Wettbewerb auf nationaler Ebene ergeben, sind jedoch ambivalent. Nicht alle politischen Akteure haben ein Interesse an politischen Auseinandersetzungen über bestimmte Themen, zu denen auch EU-Integrationspolitik gehört. Die Politisierung der EU ist insbesondere für die Parteien des politischen «Mainstreams» – sozialdemokratische und konservative oder christdemokratische Parteien –, die in EU-Mitgliedstaaten über Jahrzehnte die dominanten Regierungs- und Oppositionsparteien bildeten, oft eine innerparteiliche Herausforderung. Fragen zu den Zuständigkeiten der EU und zur Fortentwicklung der EU-Integration bergen Konflikt- und Spaltpotenzial für Parteien und Regierungskoalitionen. Im Vereinigten Königreich konnte man in den Jahren vor und nach dem Brexit-Referendum im Zeitraffer beobachten, wie zuerst die Frage nach dem EU-Verbleib und später nach dem zukünftigen Verhältnis zur EU zur Zerreißprobe für die regierenden Tories, aber auch für die Labour-Partei wurde. David Cameron und Theresa May mussten beide abtreten, weil sie für ihre eigene Partei letztlich nicht europaskeptisch genug waren. Auch Jeremy Corbyn vermochte es als Labour-Vorsitzender nicht, den europafreundlichen und europaskeptischen Flügel innerhalb der Partei auf eine Linie einzuschwören. Je dominanter das EU-Thema in der innenpolitischen Debatte, desto stärker wird auch das Spaltpotenzial. Dass die Politisierung der EU-Politik das Zeug hat, Parteien und Regierungen unter Druck zu setzen, zeigte sich auch in Deutschland. Im Sommer 2018 zerbrach die Fraktionsgemeinschaft aus CDU und CSU beinahe an der Frage, ob im Zuge der EU-Migrationskrise Flüchtlinge an der deutschen Grenze zurückgewiesen werden können sollten. Auch wenn der Bruch verhindert werden konnte, stellte die Krisenpolitik im Kontext der Migrationskrise den Zusammenhalt der Regierungsparteien und -koalitionen in vielen EU-Mitgliedstaaten auf die Probe.

Aus machtpolitischer und parteistrategischer Sicht ist politischer Wettbewerb innerhalb von Parteien und Koalitionen, wenn er Spaltpotenzial birgt, nichts Wünschenswertes. Um parteiinternen Konflikten und Spaltungstendenzen vorzubeugen, versuchen Parteistrategen strittige europapolitische Fragen daher zu *entpolitisieren*. Europapolitische Themen werden bewusst ignoriert, Standpunkte bleiben vage oder es wird suggeriert, dass es zum bestehenden Kurs schlichtweg keine Alternative gibt. Wo es keine politischen Alternativen zu debattieren gibt, kann es auch keinen Streit geben. Die Euro-Krisenpolitik liefert genügend Anschauungsmaterial für den Einsatz derartiger Strategien zur Entpolitisierung von EU-Integrationspolitik. Angela Merkel und ihr damaliger Finanzminister Wolfgang Schäuble betonten die Alternativlosigkeit des für die Eurorettung vorgesehenen finanziellen Rettungsschirms und von Strukturanpassungsprogrammen in den Schuldnerstaaten. Vermeintlich alternativlose «TINA»-Politik («there is no alternative») duldet nun einmal keine Debatte, und sie delegitimiert Widerrede. Es ist jedoch keinesfalls so, dass es keine Alternative zur Austeritätspolitik der von den Mitgliedstaaten beauftragten «Troika» aus Kommission, EZB und IWF gegeben hätte. Für kurze Zeit wurde die Ausgabe von europäischen Anleihen (Eurobonds) diskutiert, die eine gemeinsame europäische Schuldenhaftung zur Folge gehabt hätte. Diese Alternative wurde von den Gläubigerländern schnell vom Tisch genommen und diskreditiert: Man könne schlechtem Geld doch kein gutes hinterherwerfen! Vom ehemaligen griechischen Finanzminister Yanis Varoufakis ist überliefert, dass er bei einem Treffen der Finanzminister der Eurozone seine Kollegen von dem Argument zu überzeugen versuchte, das Spardiktat sei der falsche Weg, um Griechenland wieder auf die Beine zu helfen. Zudem solle die griechische Bevölkerung bei der Diskussion über Lösungsvorschläge mitsprechen dürfen. Herrn Varoufakis sei daraufhin zu verstehen gegeben worden, dass ein von der EU beschlossenes Rettungspaket nicht durch Wahlen wieder aufgeschnürt werden könne. Ein Finanzminister brachte es wie folgt auf den Punkt: «Yanis, du musst verstehen, dass kein Land heutzutage souverän sein kann. Vor allem nicht, wenn es so klein und bankrott ist wie deines.» Das griechische Wahlvolk durfte letztlich über von der EU beschlossene Sparmaßnahmen abstimmen, die Abstimmung änderte aber nichts am Ergebnis: ohne Sparpaket kein Geld, griechische Demokratie hin oder her. Im Vergleich dazu erscheint das von Regierungen geforderte Durchpeitschen von Gesetzen, mit denen nationale Parlamente in den Staaten der Eurozone ihre Zustimmung zu «alternativlosen» Rettungsschirmen und -paketen zu geben hatten, fast harmlos. Das Aushebeln demokratischer Verfahren ist eine Entpolitisierungsstrategie par excellence. Die Politikwissenschaftler Jonathan White und Christian Kreuder-Sonnen bezeichnen diese Form exekutiver Selbstermächtigung als eine Form von Notstandspolitik: Die von den Mitgliedstaaten der Eurozone mandatierte Troika agierte in den Gläubigerstaaten als Quasi-Gesetzgeber, indem sie Bedingungen für Sparprogramme diktierte, die das griechische Parlament vor vollendete Tatsachen stellten. Die griechische Demokratie hatte sich gewissermaßen der europäischen Krisen-*Raison* unterzuordnen.

Entpolitisierungsstrategien ermöglichen Regierungen rasches und resolutes Handeln. Was kurzfristig opportun und in Krisensituationen geboten erscheinen mag, hat einen nicht unerheblichen Preis. Wenn es keinen Raum gibt, alternative Standpunkte in Entscheidungsprozesse einzuspeisen, wenn Debatten mit dem Verweis auf die Alternativlosigkeit politischer Programme abgewürgt werden, nimmt das demokratische Versprechen der EU schweren Schaden (Astrid Séville). Die Tabuisierung bestimmter Themen und Positionen kann zur Folge haben, dass sich politischer Wettstreit und Opposition nicht gegen Inhalte richtet (da es ja nur eine «richtige Lösung» geben darf), sondern gegen das

System selbst und seine Proponenten. Entpolitisierungsstrategien bieten eine Vorlage für Europaskeptizismus und Populismus.

Europaskeptizismus und Populismus auf dem Vormarsch. Europaskeptische und populistische Parteien gehören bisher zu den großen Profiteuren der Politisierung der EU. Unter Europaskeptizismus versteht man eine Bandbreite an politischen Einstellungen, die von der prinzipiellen Ablehnung der EU bis hin zur Kritik an einzelnen EU-Politiken reicht. Die prominentesten europaskeptischen Parteien in Deutschland sind die AfD sowie die Linkspartei. Beide stehen der EU kritisch gegenüber, allerdings aus sehr unterschiedlichen Gründen. Die AfD beklagt einen ausufernden Brüsseler «Zentralismus» und möchte die EU in ihrer gegenwärtigen Form abschaffen. Stattdessen strebt sie eine lose Wirtschaftsgemeinschaft souveräner Nationen an. Weitere europaskeptische Parteien aus dem rechten Spektrum sind, unter anderem, die österreichische Freiheitliche Partei (FPÖ), der französische Rassemblement National, die ungarische FIDESZ und die italienische Lega. Sie sehen, wie auch die AfD, in der EU eine Bedrohung für historisch gewachsene nationale Identitäten, die durch «erzwungenen» Multikulturalismus und Masseneinwanderung ausgehöhlt zu werden drohen. Der Europaskeptizismus linker Parteien (wie der deutschen Linkspartei) unterscheidet sich vom rechten Europaskeptizismus vor allem dadurch, dass EU-Integration nicht prinzipiell abgelehnt wird. Vielmehr wünschen sie sich eine «andere», solidarischere EU. So wird beklagt, dass die EU mit ihrer Politik primär die Interessen von Unternehmen und Banken bedient und Wohlstand ungerecht verteilt. Die Forderung nach einer solidarischen, arbeitnehmerfreundlichen EU ist bei europaskeptischen Parteien des linken Spektrums Programm.

Viele europaskeptische Parteien fallen gleichzeitig durch ihren Populismus auf. Der Politikwissenschaftler Cas Mudde bezeichnet Populismus als eine Ideologie, die die Gesellschaft in zwei Gruppen einteilt: Auf der einen Seite steht das «anständige» Volk, auf der anderen Seite stehen «korrupte» politische und wirtschaftliche Eliten, die allein ihre egoistischen Interessen bedienen. Populisten geben vor, dass die repräsentative, auf Interessenausgleich abzielende Parteiendemokratie die «schweigende Mehrheit» ignoriert. Sie behaupten, den «authentischen» Volkswillen zu kennen und ihm zur Durchsetzung zu verhelfen. Unter den europaskeptischen Parteien ist das Gros auch populistisch. Von den über 150 als europaskeptisch klassifizierten Parteien in ganz Europa stuft die wissenschaftliche Studie «PopuList» (https://popu-list.org) fast 90 Parteien als europaskeptisch *und* populistisch ein (Stand 2019). Mit über 50 Parteien ist die Mehrheit der populistisch-europaskeptischen Parteien dem rechtsradikalen und rechtsextremen Spektrum zuzurechnen.

Die Politisierung der EU und die Dauerkrisensituation haben einen nicht unerheblichen Beitrag zum Erstarken populistischer und europaskeptischer Parteien geleistet. Zwischen 2000 und 2020 hat sich der Stimmenanteil europaskeptischer Parteien bei nationalen Wahlen von 15% auf über 30% verdoppelt. Infolge der Eurokrise haben nicht nur europaskeptische Populisten von rechts und links mehr Zulauf erfahren. EU-Sparprogramme, die Kompromisslosigkeit der Troika und die damit verbundenen sozialen Härten haben in den Schuldnerstaaten geradezu tektonische Verschiebungen der Parteienlandschaft zur Folge gehabt. In Griechenland wurde die linkspopulistische und europaskeptische SYRIZA an die Macht gehievt. In Spanien profitierte die linkspopulistische Podemos an der Urne von der Euro-Krisenpolitik. In Italien formierte sich die europaskeptische Fünf-Sterne-Bewegung (M5S), die bei den Parlamentswahlen 2013 zur zweitstärksten Kraft avancierte. Am stärksten zugelegt haben in der Krisendekade allerdings europaskeptische Populisten von rechts. Durch die Migrationskrise wurde die Einwanderungsthematik – ein Kernthema der populistischen Rechten – zum dominierenden Thema politischer Debatten und medialer Berichterstattung. Rechtspopulistische Kräfte versäumten keine Gelegenheit, der EU und nationalen Regierungen Krisenversagen vorzuwerfen. Dabei stand nicht etwa die humanitäre Not der Geflüchteten im Vordergrund, sondern der Vorwurf unkontrollierter Zuwanderung, angeblich groß angelegter Asylmissbrauch durch «Wirtschaftsflüchtlinge» und nicht zuletzt die drohende «Islamisierung» europäischer Gesellschaften. Europaskeptische Populisten aus dem rechten Spektrum wurden in einigen EU-Staaten zeitweilig zur stärksten politischen Kraft, wie beispielsweise der Front National in Frankreich (heute Rassemblement National), die polnische Partei Recht und Gerechtigkeit (PiS), die ungarische FIDESZ oder die dänische Volkspartei (DF). Zur Jahrtausendwende war eine Regierungsbeteiligung rechtspopulistischer Parteien noch die absolute Ausnahme, heute ist sie keine Seltenheit mehr. Die Lega unter Matteo Salvini in Italien und die FPÖ unter Heinz-Christian Strache in Österreich wurden zwischenzeitlich zu einflussreichen Koalitionspartnern. In Ungarn und Polen übernahmen rechtspopulistische Parteien die alleinige Regierungsverantwortung. PiS und FIDEZ sicherten sich absolute Mehrheiten und begannen umgehend damit, ihre Macht zu zementieren, indem sie sich demokratischer Kontrollinstanzen schrittweise entledigten, Wahlsysteme zu ihren Gunsten «reformierten» und die Justiz in ihrem Sinne politisierten. Mit Regierungsverantwortung ausgestattet sitzen Rechtspopulisten dann auch an den Schalthebeln der Macht in EU-Institutionen: Als Mitglieder im Europäischen Rat und im Ministerrat üben sie maßgeblich Einfluss auf europäische Politik aus. Durch das Erstarken des Populismus droht das Fundament liberal-demokratischer Normen und Institutionen auf nationaler Ebene zu erodieren; ebenso wird die EU zur Zielscheibe europaskeptischer Populisten, insbesondere für jene aus dem rechten Spektrum. Ein EU-Austritt ist für einige Kräfte aus diesem Lager durchaus eine politische Option. So forderte die AfD in ihrem Wahlprogramm für die Bundestagswahl 2021 den «DEXIT» sowie die Gründung einer aus souveränen Staaten bestehenden «Wirtschafts- und Interessengemeinschaft», die mit der EU heutiger Prägung nicht mehr viel gemein haben dürfte.

Ein Europa der Identitätskonflikte. Als Erklärung für das Erstarken europaskeptischer und populistischer Kräfte in der EU greift der Verweis auf die Krisen und die EU-Krisenpolitik zu kurz. Die Koordinaten des politischen Wettbewerbs in Europa haben sich bereits vor Jahrzehnten sukzessive zu verschieben begonnen. Konflikte über europäische Politik sind zunehmend Identitätskonflikte. Der Ausgangspunkt dieser Entwicklung liegt in den «europäischen Wendejahren» Ende der achtziger und Anfang der neunziger Jahre. Die Vollendung des Binnenmarktprogramms, die geopolitischen Umwälzungen durch den Fall des Eisernen Vorhangs sowie der Ausbau der EU zu einer Wirtschafts- und Währungsunion markierten Höhepunkte in einer Zeit radikalen ökonomischen und politischen Wandels. Die Ausweitung und Liberalisierung von Handelsbeziehungen, grenzenlose Freizügigkeit innerhalb der EU, die Übertragung zusätzlicher Hoheitsrechte auf die EU-Ebene und die damit einhergehende sprunghafte Europäisierung nationaler Politiken verliehen der Union ein bisher einzigartiges Ausmaß an Staatlichkeit (siehe Kapitel II). Die Europäisierung von Grenzen und Währungen lässt sich jedoch nicht ausschließlich unter funktionalen oder sachlogischen Gesichtspunkten diskutieren. Dieser Prozess tangiert gleichwohl Vorstellungen von Souveränität, Identität und Solidarität. Sind Währung, Armee und Grenzkontrolle nicht Kern nationaler Souveränität und Identität?

«Taking back control» – die Kontrolle zurückgewinnen – war einer der zentralen Slogans der Kampagne der Brexit-Befürworterinnen und -Befürworter. Sie argumentierten, dass die EU mit ihren weitreichenden Zuständigkeiten nationale Souveränität und demokratische Selbstbestimmung auf unzumutbare Weise untergräbt. Mit dem Ausbruch der Migrationskrise geriet zudem die Einwanderungspolitik in den Fokus der Brexit-Avantgarde. «Taking back control» war nun auch Chiffre für den angeblich von der EU verursachten Kontrollverlust an den eigenen Grenzen. Nigel Farage, der Kopf der Brexit-Kampagne und Mitbegründer der britischen Unabhängigkeitspartei (UKIP), verstand es, Europaskeptiker und Einwanderungsgegner in der Bevölkerung zu mobilisieren und den Brexit zu einer Identitätsfrage zu stilisieren. Beim Brexit, so die Botschaft der Austrittskampagne, geht es nicht um ökonomische Überlegungen, sondern um die Verteidigung der nationalen (englischen) Identität gegen die «Globalisten» in Brüssel und gegen das kulturell «Fremde».

Für die Politikwissenschaftler Liesbet Hooghe und Gary

Marks sind die politischen Turbulenzen um den Brexit nur eine Manifestation einer neuen politischen Konfliktlinie, in deren Zentrum Identitätskonflikte stehen. Auf der einen Seite des Konflikts stehen die Verteidiger der Nation, nationaler Souveränität und nationaler Kultur, ebenso wie Einwanderungsgegner und Globalisierungsskeptiker, die ein Europa offener Grenzen ablehnen. Auf der anderen Seite stehen die «Internationalisten», die EU-Integration gutheißen, Einwanderung als Bereicherung der eigenen Gesellschaften betrachten und Globalisierung primär als Chance begreifen. Politische Parteien müssen sich entlang dieser neuen Konfliktlinie positionieren, um im politischen Wettbewerb um Stimmen nicht das Nachsehen zu haben. Von der Prominenz dieser Konfliktlinie profitieren vor allem diejenigen Kräfte, die ihre Programmatik an Fragen der Einwanderungspolitik oder am Verhältnis von EU und Nation ausrichten. Der französische Präsidentschaftswahlkampf 2017 zwischen dem europafreundlichen «Internationalisten» Emmanuel Macron und der europafeindlichen «Nationalistin» Marine Le Pen ist ein Beispiel dafür, wie das Spielfeld politischen Wettbewerbs durch diese Konfliktlinie neu zugeschnitten wurde. Sozialisten und Konservative, die einst dominanten politischen Kräfte, wurden fast vollständig marginalisiert. In ganz Europa sehen sich die ehemaligen Volksparteien unter Druck. Ihr Markenkern ist primär mit einer anderen Konfliktlinie verbunden, der zwischen Arbeit und Kapital. Der traditionelle Konflikt zwischen links und rechts ist primär ein ökonomischer: Welche Rolle soll der Staat in der Wirtschaft spielen? In welchem Umfang ist Umverteilung wünschenswert? Der Streit über diese Fragen hat europäische Parteiensysteme über Jahrzehnte geprägt. Nun haben sich die Vorzeichen geändert. Insbesondere grünen, liberalen und europafreundlichen Parteien gelingt es im Kontext der neuen, kulturellen Konfliktlinie ebenso wie nationalistischen, rechtspopulistischen und europaskeptischen Parteien, neue Wählerschichten zu mobilisieren.

Die durchlebte Krisendekade lässt erahnen, dass die kulturelle Konfliktlinie nicht einfach verschwinden wird. Identitätskonflikte sind ein Teil von Europas neuer Normalität. Versuche, das europäische Asylsystem im Zuge der Migrationskrise zu reformieren, scheitern regelmäßig an der Fundamentalopposition einiger Mitgliedstaaten, wobei nicht selten Islamophobie und Rassismus offen zur Schau gestellt werden. Andere ducken sich wiederum weg, weil die Zustimmung zu einer europäischen Lösung europaskeptischen und populistischen Kräften im eigenen Land Auftrieb geben könnte. Nationalistische Töne waren infolge der Euro- und Corona-Krise unüberhörbar: Forderungen des Boulevards, den «Pleitegriechen» keine hart verdienten deutschen Euros zuteilwerden zu lassen, sind nur die Spitze des Eisbergs. Infolge der Corona-Pandemie schielte der europäische Kontinent Anfang 2021 neidisch über den Ärmelkanal, wo ein Brexit-bedingter «Impfstoffnationalismus» hinsichtlich des Impffortschritts in der Bevölkerung Früchte zu tragen schien. Wenn das Motto «Jeder für sich, ohne Rücksicht auf die anderen» Erfolg verspricht, warum sollte man sich dann mit europäischen Nachbarn solidarisch zeigen? Kann sich in einer EU der Identitätskonflikte eine tragfähige europäische Identität entwickeln, die gemeinschaftliches und solidarisches Handeln möglich macht? Ist das überhaupt wünschenswert? Für wen ist Europa – und für wen soll es sein?

Wohin steuert die EU?

Im März 2017 veröffentlichte die EU-Kommission das Weißbuch zur *Zukunft Europas,* eine Diskussionsgrundlage für die Weiterentwicklung der EU mit unterschiedlichen Szenarien. Das Spektrum reicht von einem «weiter wie bisher» bis hin zu «viel mehr gemeinsames Handeln». Welches Zukunftsszenario ist für die EU realistisch, welches ist wünschenswert? Eine realistische Einschätzung der zukünftigen Entwicklung der EU muss die in diesem Kapitel beschriebenen Sog- und Fliehkräfte europäischer Integration berücksichtigen. Vor dem Hintergrund der immer engeren wirtschaftlichen und politischen Verflechtungen der EU-Mitgliedstaaten wird auch in Zukunft die Nachfrage nach europäischer Kooperation groß bleiben, um grenzüberschreitenden Herausforderungen effektiv beggnen zu können. Bei aller berechtigten Kritik an der EU-Strategie zur Beschaffung von Impfstoff gegen Covid-19 darf man nicht übersehen, dass es ohne die EU wohl kein mehrere hundert Milliarden Euro schweres Aufbauprogramm gegeben hätte, um die enormen wirtschaftlichen Schäden und sozialen Verwerfungen in den Mitgliedstaaten abzufedern. Der Dauerkrisenzustand, in dem sich die EU seit der Eurokrise wiederzufinden scheint, ist mitunter Ausdruck der immer engeren Verflechtungen europäischer Staaten und Volkswirtschaften. Interdependenz macht verwundbar, effektive Lösungen kann es aber nur durch europäische Kooperation geben, was wiederum engere Verflechtungen nach sich zieht. Diese Spirale aus Interdependenz, Krisen und Kooperation wird den Integrationsprozess auch in den kommenden Jahrzehnten begleiten.

Der «unfertige» Charakter der EU, die Tatsache, dass sie nun einmal kein föderaler Interventionsstaat ist, der Steuern erheben und in großem Umfang Umverteilungspolitik betreiben kann, erschwert effektive Krisenpolitik. Alles muss zwischen 27 Mitgliedstaaten ständig ausgehandelt und meist einstimmig verabschiedet werden. Auch dabei wird es voraussichtlich erst einmal bleiben. Befürworter eines EU-Bundesstaats sind rar geworden. Versuche «von oben», europäische Bevölkerungen für die Idee einer bundesstaatsähnlichen Verfassung für Europa zu versammeln, sind spätestens 2005 mit den negativen Referenden zum EU-Verfassungsvertrag in Frankreich und den Niederlanden gescheitert. Die Erfahrungen der ersten beiden Jahrzehnte des neuen Jahrtausends haben eine Phase des neuen Pragmatismus eingeläutet: Es ist nicht die Zeit für große Entwürfe oder radikale Zukunftsvisionen, sondern für das Notwendige und Mögliche.

Was ist notwendig, was ist möglich? Wie zu Beginn des Buches geschildert, muss die EU mit einem Integrationsparadox leben. Integration ist zur Lösung vieler Probleme notwendig, allerdings führt mehr Integration auch zu mehr Widerstand. Europaskeptizismus und Populismus sind auf dem Vormarsch und erschweren europäische Problemlösungen. Die Krisenjahre haben zudem einen Politikstil hervorgebracht, der von vielen

Bürgern als entmündigend wahrgenommen wird und die demokratische Legitimation des Integrationsprojektes zu untergraben droht. Wenn immer mehr Entscheidungen dem Imperativ der «Alternativlosigkeit» folgen, verkommen demokratische Prozesse zu potemkinschen Dörfern.

Das Integrationsparadox, die Gleichzeitigkeit integrativer und desintegrativer Kräfte, wird sich so schnell nicht auflösen lassen. Europaskeptizismus weicht nicht über Nacht Europaenthusiasmus. Die strukturellen Hürden zur Demokratisierung europäischer Politik werden nicht von heute auf morgen verschwinden. Europäische Politik in den nationalen Parteienwettbewerb zu integrieren, hat bisher eher disruptive als integrative Folgen gehabt: Parteien der Mitte werden geschwächt, populistische und europaskeptische Parteien finden neuen Nährboden. Wenn sich das Integrationsparadox nicht auflöst, kann es dann zumindest abgeschwächt werden? Kann europäische Politik handlungsfähig bleiben, kann sich Opposition zum europapolitischen Status Quo artikulieren, ohne dass daraus gleich Systemkritik wird?

Pessimistische Antworten auf diese Fragen würden bedeuten, dass die Fliehkräfte des Integrationsprozesses Überhand gewinnen. In Krisenepisoden dominiert «alternativlose» Politik, die von Regierungen und EU-Institutionen getragen und an nationalen Parlamenten und deren Bevölkerungen vorbei durchgepeitscht wird. Demokratische Selbstbestimmung auf der Ebene der Mitgliedstaaten wäre geschwächt, politischer Widerstand, der sich gegen das «System EU» richtet, hätte Konjunktur. EU-Politik würde zunehmend zur Dauerkrisenpolitik verkommen. Traditionelle Mechanismen demokratischer Repräsentation – Wahlen, parlamentarische Kontrolle, politische Debatten – würden zur Fassade. Konflikte über die EU-Politik, wenn sie denn zutage treten, würden zu unauflösbaren Identitätskonflikten. Ein Weiterdrehen der Integrationsspirale könnte zudem fatale sozialpolitische Konsequenzen nach sich ziehen. Das Stabilitätsversprechen ist ein zentrales Merkmal des Interventionsstaates: Er verspricht, Bürgerinnen und Bürger vor den Exzessen des Marktes zu schützen. EU-Integration galt stets als eine wichtige Stütze dieses Versprechens. Durch das Zünden des europäischen Liberalisierungsturbos hat die wirtschaftliche Liberalisierung Überhand gewonnen. Die Ausgestaltung nationaler Wohlfahrtsstaaten und nationaler Sozialpolitik wird immer stärker dem Marktimperativ europäischer Integration untergeordnet. EU-Kommission und Gerichtshof der EU stützen diesen Prozess maßgeblich. Der Gerichtshof der EU hat durch eine Politik der «Überkonstitutionalisierung» (Dieter Grimm) seine Rechtsprechung zum Binnenmarkt in den Rang von Verfassungsrecht gehoben. Marktkorrigierende Interventionen durch nationale und europäische Gesetzgebung werden dadurch erheblich erschwert. Die Überkonstitutionalisierung des Binnenmarkts reduziert politische Gestaltungsmöglichkeiten und unterläuft das Prinzip demokratischer Selbstbestimmung – sie beschreibt eine weitere Entwicklung, die Wasser auf die Mühlen von populistischen und europaskeptischen Kräften ist.

Eine positive Antwort auf die Frage, ob EU-Integration Problemlösungsfähigkeit und konstruktiven demokratischen Wettbewerb miteinander verbinden kann, würde voraussetzen, dass man die Fliehkräfte des Integrationsprozesses im Zaum halten kann. Eine Möglichkeit läge in der Enttabuisierung von EU-Politik. Die Versuchung von Regierungen, Wählerinnen und Wähler in EU-Fragen vor vollendete Tatsachen zu stellen und Opposition im Keim zu ersticken, mag machtpolitisch nachvollziehbar sein, sie schadet aber langfristig der Akzeptanz des europäischen Projekts in der Bevölkerung. Die Euro-, die Migrations- und die Corona-Krise haben uns vor Augen geführt, dass Lösungen nicht allein funktionalen und machtpolitischen Gesichtspunkten folgen, sondern die Bereitschaft zu solidarischem Handeln voraussetzen. Diese Bereitschaft kann europäischen Gesellschaften weder oktroyiert werden noch kann sie ihnen pauschal abgesprochen werden, weil es Regierenden nicht opportun erscheint. Die Bereitschaft zur Solidarität muss innerhalb und zwischen den EU-Mitgliedstaaten ergebnisoffen debattiert und verhandelt werden. Nationale Parlamente sind in diesem Zusammenhang wesentliche Arenen, da sie Opposition institutionalisieren: Eine zentrale Aufgabe von Opposition besteht darin, die Regierung zu kontrollieren und von ihr Rechenschaft für ihr Handeln (oder Nichtstun) einzufordern. Nationale Parlamente dürfen nicht zu bloßen Erfüllungsgehilfen der Regierungen degradiert werden – ein Eindruck, dessen man sich insbesondere in der Eurokrise nicht erwehren konnte. Debatten über Richtungsentscheidungen im EU-Integrationsprozess brauchen im nationalen Kontext einen Resonanzraum, um gesellschaftliche Akzeptanz erzeugen zu können. Das gilt umso mehr für politische Maßnahmen, die auf Umverteilung abzielen und Solidarität einfordern. Nationale Parlamente verfügen über diesen Resonanzraum. Wer das politische Spielfeld nicht populistischen Kräften überlassen möchte, muss Opposition ermöglichen, die politische Alternativen anbietet und deren Kritik am Status Quo europäischer Politik nicht mit Systemkritik verwechselt oder gleichgesetzt wird.

Kann vielleicht sogar eine Abschwächung der Sogkräfte des Integrationsprozesses bei der Stabilisierung der EU behilflich sein? Kann der Quasi-Automatismus der Marktintegration moderiert werden, um dem Sozialstaat auf nationaler Ebene mehr Gestaltungsmöglichkeiten zuteilwerden zu lassen? Der schwedische Politikwissenschaftler Sverker Gustavsson spricht von einem «legitimen Protektionismus», den es brauche, um die sozialen Folgen von Marktliberalisierung innerhalb der Gesellschaften der Mitgliedstaaten abfedern zu können. Wenn die Harmonisierungsbestrebungen europäischer Marktintegration bedeuten, dass den Mitgliedstaaten die Instrumente abhandenkommen, ökonomische und soziale Ungleichheit innenpolitisch zu bekämpfen, dann ist ein Umdenken angesagt. Das bedeutet nicht, Marktintegration aufzugeben oder gar der EU den Rücken zu kehren. Es muss vielmehr bedeuten, europäische Politik *autonomieschonend* und *gemeinschaftsverträglich* zu gestalten (Fritz Scharpf). Und es gilt anzuerkennen, dass die EU eine Völkerherrschaft – eine *Demoi-kratie* (Kalypso Nicolaidis) ist: Jede Bürgerin und jeder Bürger ist in der EU sowohl Unionsbürger als auch Staatsbürger. Neben Individuen genießen auch die in Staaten organisierten Völker Rechte und Pflichten, die es zu respektieren gilt. In einer demoi-kratischen EU muss ein Ausgleich zwischen den politischen Rechten Einzelner und denen der Staatsvölker hergestellt werden. Dieser Ausgleich kann nicht darin bestehen, dass die europäische Marktbürgerin und der europäische Marktbürger ihre wirtschaftlichen Freiheitsrechte ausleben können, den Mitgliedstaaten aber die Möglichkeit abhandenkommt, für ihre Staatsbürgerinnen und Staatsbürger Marktexzesse auf nationaler Ebene sozialpolitisch abzufedern. Staaten haben ein legitimes Interesse, Institutionen und Rechtsgüter zu schützen, die innerstaatlichen Interessenausgleich ermöglichen. Eingriffe des Gerichtshofs der EU in die Tarifgesetzgebung oder das Streikrecht, das der Durchsetzung von Binnenmarktfreiheiten dient, illustrieren dieses Spannungsverhältnis. Das Aushebeln sozialpolitischer Errungenschaften durch europäisches Richterrecht beschädigt das Vertrauen sowohl in die EU als auch in die nationale Politik, zumal auf europäischer Ebene die Kompetenzen für sozialpolitische Alternativen fehlen. Eine autonomieschonende europäische Politik würde der Marktintegration Grenzen setzen und deren Auswüchse – wie die «Überkonstitutionalisierung» des Binnenmarktes – in die Schranken weisen. Aber auch der Aspekt der Gemeinschaftsverträglichkeit ist wichtig: In einer Demoi-kratie gilt es die Auswirkungen des eigenen Handelns auf die Nachbarn zu berücksichtigen und daher gemeinsam nach einem Interessenausgleich zu suchen. Vor allem bei Entscheidungen mit Umverteilungswirkung, bei denen die «Kosten der Solidarität» (Fritz Scharpf) ungleich verteilt sind, ist die Zustimmung der Mitgliedstaaten unerlässlich. Supranationale Entscheidungen, die Umverteilungseffekte erzeugen, würden gesellschaftlich auf wenig Akzeptanz stoßen, sofern ihnen nicht ein inklusiver Willensbildungsprozess vorangeht.

Um der Vielfalt staatlicher Interessen in einer Gemeinschaft der 27 Rechnung zu tragen und gleichzeitig handlungsfähig zu bleiben, stehen den Mitgliedstaaten im gegenwärtigen Vertragswerk einige Instrumente zur Verfügung. Verfahren wie die 1999 eingeführte «verstärkte Zusammenarbeit» oder die «Ständige Strukturierte Zusammenarbeit» im Bereich der Sicherheits- und Verteidigungspolitik ermöglichen kooperationswilligen Mitgliedstaaten eine engere Zusammenarbeit, ohne dass alle Mitgliedstaaten an Bord sein müssen. Die Einführung einer Europäischen Staatsanwaltschaft, die Straftaten verfolgen soll, die zulasten des EU-Haushalts gehen, ist ein Beispiel verstärkter Zusammenarbeit. Die Planung einer europäischen Transaktionssteuer erfolgt ebenfalls unter diesem Rechtsinstrument. Das Prinzip «flexibler» oder «differenzierter» Integration – der Möglichkeit der selektiven Teilnahme an einzelnen Gemeinschaftspolitiken – liegt diesen Instrumenten zugrunde. Auf der Ebene des Primärrechts ist differenzierte Integration schon längst etabliert, unter anderem in Form der Eurozone oder des Schengen-Raums. Differenzierte Integration verspricht einen möglichen Ausweg aus dem Integrationsparadox: Wird der innenpolitische Widerstand bei einem Integrationsvorhaben zu stark, muss nicht jeder Mitgliedstaat unbedingt mitziehen. Gleichzeitig sabotiert er damit nicht die Integrationsbemühungen seiner Nachbarn. Eine stärkere Ausdifferenzierung der EU wäre die Folge. Aber vielleicht verhilft ja gerade diese Ausdifferenzierung der EU zu neuer Stabilität.

Zeittafel: Wichtige EU-Integrationsschritte

1950	Schuman-Erklärung zur Schaffung der Europäischen Gemeinschaft für Kohle und Stahl (EGKS)
1952	EGKS-Vertrag tritt in Kraft; Gründungsmitglieder: Frankreich, Bundesrepublik Deutschland, Italien, die Niederlande, Belgien, Luxemburg
1954	Scheitern der Europäischen Verteidigungsgemeinschaft (EVG)
1958	Römische Verträge treten in Kraft (Europäische Wirtschaftsgemeinschaft und Europäische Atomgemeinschaft)
1963/1964	Meilenstein-Urteile des Europäischen Gerichtshofs zur Direktwirkung und zum Vorrang von europäischem Recht
1965/1966	«Krise des leeren Stuhls» und «Luxemburger Kompromiss» (unter Charles de Gaulle)
1967	EG-Fusionsvertrag tritt in Kraft (EGKS, EWG, Euratom teilen sich gemeinsame Institutionen)
1973	Erste «Norderweiterung» (Dänemark, Irland, Vereinigtes Königreich)
1979	Erste Direktwahlen zum Europäischen Parlament
1981	Beitritt Griechenlands
1985	Unterzeichnung des Schengener Abkommens zur Abschaffung stationärer Grenzkontrollen
1986	Beitritt Spaniens und Portugals
1987	EEA (Einheitliche Europäische Akte) tritt in Kraft (Binnenmarktprogramm)
1993	Vertrag von Maastricht tritt in Kraft; Fahrplan für WWU (Wirtschafts- und Währungsunion); Politische Union mit GSAP (Gemeinsame Außen- und Sicherheitspolitik)
1995	Zweite «Norderweiterung» (Finnland, Schweden, Österreich)
1999	WWU tritt in Kraft
1999	Vertrag von Amsterdam tritt in Kraft
2002	Euro-Münzen und -Banknoten im Umlauf
2003	Vertrag von Nizza tritt in Kraft
2004	«Osterweiterung I» (Zypern, Tschechische Republik, Slowakei, Estland, Lettland, Litauen, Polen, Ungarn, Slowenien, Malta)
2004/2005	Unterzeichnung des Vertrags über eine Verfassung für Europa (Verfassungsvertrag); negative Referenden in Frankreich und den Niederlanden verhindern Inkrafttreten

2007	«Osterweiterung II» (Bulgarien und Rumänien)
2009	Vertrag von Lissabon tritt in Kraft (ersetzt Verfassungsvertrag)
2009	Beginn der europäischen Schuldenkrise («Eurokrise»)
2012	ESM (Europäischer Stabilitätsmechanismus) tritt in Kraft und löst Europäische Finanzstabilisierungsfazilität (EFSF) ab
2013	Beitritt Kroatiens
2015	Höhepunkt der Migrationskrise
2016	EU-Austrittsreferendum im Vereinigten Königreich
2020	Vereinigtes Königreich tritt aus der EU aus
2020–21	Corona-Krise und Europäischer Wiederaufbaufonds (erstmalige Schuldenaufnahme durch die EU)

Weiterführende Literatur zur EU

Auf dem deutschsprachigen Büchermarkt existiert eine Fülle an Überblickswerken zu der Entstehungsgeschichte der EU, dem EU-Institutionengefüge und deren Zuständigkeiten. Als (mittlerweile digitales) Nachschlagewerk zur Orientierung bewährt hat sich Werner Weidenfeld/Wolfgang Wessels/Funda Tekin (Hg.), *Europa von A bis Z*, Wiesbaden 2020. Grundlegendes zur Geschichte und zum politischen System der EU bieten, unter anderem, Werner Weidenfeld, *Die Europäische Union*, Stuttgart 2020 und Olaf Leiße, *Europäische Union für Dummies*, Weinheim 2019. An ein politikwissenschaftliches Publikum richten sich die Bücher von Beate Kohler-Koch/Thomas Conzelmann/Michèle Knodt, *Europäische Integration – Europäisches Regieren*, Wiesbaden 2014, Ingeborg Tömmel, *Das politische System der EU*, München 2014 und Johannes Pollak/Peter Slominski, *Das politische System der EU*, Wien 2012. In den aktuellen Stand der Forschung zu einzelnen Themenfeldern (Theorien, historische Entwicklung, Institutionen, Politikfelder) führt das Werk von Peter Becker/Barbara Lippert (Hg.), *Handbuch Europäische Union*, Wiesbaden 2020 ein.

Einen detaillierten Überblick zu den verschiedenen Theorien europäischer Integration bietet Hans-Jürgen Bieling/Marika Lerch (Hg.), *Theorien der europäischen Integration*, Wiesbaden 2012. Exemplarisch anhand der Entstehung und Umsetzung der EU-Dienstleistungsrichtlinie führt das Werk von Christoph Knill/Jale Tosun, *Politikgestaltung in der Europäischen Union: Die Entstehung und Umsetzung der Dienstleistungsrichtlinie*, Baden-Baden 2010 in die Analyse des EU-Politikprozesses ein. Eine hervorragende, thematisch strukturierte Geschichte europäischer Integration liefert Kiran Klaus Patel, *Projekt Europa. Eine kritische Geschichte*, München

2018. Mit Gerhard Brunn, *Die Europäische Einigung. Von 1945 bis heute*, Stuttgart 2020 liegt eine detaillierte, chronologisch aufgebaute Geschichte des europäischen Integrationsprozesses vor. Eine zweibändige Einführung in das Europarecht hat Ulrich Haltern, *Europarecht: Dogmatik im Kontext*, Tübingen 2017 publiziert. In Andreas Grimmel (Hg.), *Die neue Europäische Union: Zwischen Integration und Desintegration*, Baden-Baden 2020 wird auf die Krisenentwicklung der 2010er Jahre und deren Konsequenzen für den EU-Integrationsprozess eingegangen.

Der englischsprachige Büchermarkt ist noch umfangreicher und vielfältiger an einführenden Werken zu den unterschiedlichsten Facetten der EU. Die folgende Auflistung liefert daher nur einen sehr kleinen Ausschnitt wichtiger Lehrbücher zur EU. Einen detaillierten historischen Überblick zur Geschichte europäischer Integration bietet Desmond Dinan, *Europe Recast. A History of European Union*, Basingstoke 2014. Politikwissenschaftlich interessierte Leser kommen an Simon Hix/Bjørn Høyland, *The Political System of the European Union*, Basingstoke 2011 und Catherine de Vries/Sara B. Hobolt/Sven-Oliver Proksch/Jonathan B. Slapin, *Foundations of European Politics. A Comparative Approach*, Oxford 2021 nicht vorbei. Für die Arbeitsweise von EU-Institutionen einschlägig ist Dermot Hodson/John Peterson (Hg.), *The Institutions of the European Union*, Oxford 2017. Wer verstehen will, wie Politikprozesse in den unterschiedlichen Politikbereichen funktionieren, konsultiert Helen Wallace/Mark A. Pollack/Christilla Roederer-Rynning/Alasdair Young (Hg.), *Policy-Making in the European Union*, Oxford 2020. Einen Überblick verschiedener Theorien europäischer Integration und deren Anwendung auf verschiedene Politikfelder liefert Dirk Leuffen/Berthold Rittberger/Frank Schimmelfennig, *Integration and Differentiation in the European Union – Theory and Policies*, Basingstoke 2021.